U0456582

中国公共财政监测报告系列

外国地方政府支出责任与地方税收：实践与启示

The Enlightenment in Foreign Practice: Expenditure Responsibilities and Taxation of Local Governments

西南财经大学财政税务学院

李建军 等◎著

中国·成都

图书在版编目(CIP)数据

外国地方政府支出责任与地方税收:实践与启示/李建军等著.—成都:西南财经大学出版社,2017.12
ISBN 978-7-5504-3335-9

Ⅰ.①外…　Ⅱ.①李…　Ⅲ.①地方政府—财政支出—研究—国外②地方税收—研究—国外　Ⅳ.①F811-4

中国版本图书馆 CIP 数据核字(2017)第 317722 号

外国地方政府支出责任与地方税收:实践与启示

WAIGUO DIFANG ZHENGFU ZHICHU ZEREN YU DIFANG SHUISHOU SHIJIAN YU QISHI

李建军　等著

责任编辑:向小英
助理编辑:金欣蕾
封面设计:何东琳设计工作室
责任印制:封俊川

出版发行	西南财经大学出版社(四川省成都市光华村街 55 号)
网　　址	http://www.bookcj.com
电子邮件	bookcj@foxmail.com
邮政编码	610074
电　　话	028-87353785　87352368
照　　排	四川胜翔数码印务设计有限公司
印　　刷	郫县犀浦印刷厂
成品尺寸	170mm×240mm
印　　张	12.25
字　　数	220 千字
版　　次	2017 年 12 月第 1 版
印　　次	2017 年 12 月第 1 次印刷
书　　号	ISBN 978-7-5504-3335-9
定　　价	78.00 元

序 言

建立现代财政制度是国家治理体系与治理能力现代化的基本要求和重要保障，现代的政府间财政关系是现代财政制度的重要组成部分。党的十八届三中全会提出，“建立现代财政制度”“深化税收制度改革，完善地方税体系”“建立事权和支出责任相适应的制度”。习近平同志在党的十九大报告中进一步指出，“加快建立现代财政制度，建立权责清晰、财力协调、区域均衡的中央和地方财政关系”“深化税收制度改革，健全地方税体系”。科学合理地划分中央与地方政府之间的事权与支出责任，在改革税制的基础上，科学合理地确定中央税、地方税和共享税，改革政府间税收划分关系，建立完善的地方税收体系，成为我国财税体制改革的重大课题。

科学合理、规范稳定的地方政府支出责任和地方税收体系是现代政府间财政关系的重要内容，也是地方治理现代化的重要基础。不同层级政府的事权、支出责任与税收的划分都是复杂的系统工程，需要基于严谨的理论分析和实证检验，更需要立足于纷繁的现实和具体的实践。世界主要国家的地方政府支出责任和税收划分与理论状态并不一致，国与国之间存在着显著差异，系统梳理和分析国外地方政府支出责任、税收划分和地方税收，放眼世界，汲取世界地方税收实践经验，对于更好地理解和运用税收理论研究成果、立足中国实践改革和完善政府间财政关系、健全地方税体系，具有非凡的价值和意义。

本书由西南财经大学财政税务学院教授李建军设计、组织写作和最后修改总纂，西南财经大学财政税务学院硕士研究生章孟迪、徐菲、梁远川、杨天乐、余秋莹和宋亚香等参与了研究和写作工作。全书由七章组成。第一章为“美国地方政府的支出责任与地方税收：实践与启示”，由李建军完成；第二章为“日本地方政府的支出责任与地方税收：实践与启示”，由李建军和余秋莹完成；第三章为“英国地方政府的支出责任与地方税收：实践与启示”，由李建军和杨天乐完成；第四章为“澳大利亚地方政府的支出责任与地方税收：实践与启示”，由李建军和徐菲完成；第五章为“德国地方政府的支出责任与地方税收：实践与启示”，由李建军和宋亚香完成；第六章为“印度地方政府的支出责任与地方税收：实践与启示”，由李建军和梁远川完成；第七章为“韩国地方政府的支出责任与地方税收：实践与启示”，由章孟迪完成。

本书是作者主持的国家哲学社会科学基金“基于地方政府基本支出责任与税收能力的地方税收体系构建研究”项目的阶段性成果，同时也是西南财经大学财税学院中国公共财政监测报告系列之一。本书在写作过程中，承蒙西南财经大学财税学院院长刘蓉教授、财政系主任杨良松博士等同仁的鼓励和支持，在此深表感谢。

在本书写作过程中，作者尽量收集整理相关国家可得的最新一手资料，并受益于国内外诸多著述者的相关研究，虽尽心尽力，但因水平所限，难免有不当甚至谬误之处，敬请批评指正。

李建军

2017 年 10 月 31 日

目　录

第一章　美国地方政府的支出责任与地方税收：实践与启示

本章提要：本章着眼于美国地方政府的支出责任和地方税收，对美国联邦、州和地方政府间财政支出的配置、州和地方政府的事权及支出责任、政府间财政收入和税收划分、州和地方政府的主要税种等进行了比较全面系统的梳理。美国的政府间财政关系、地方政府支出责任及地方税建设实践对我国地方支出责任划分和地方税体系建设、政府间财政关系的改革完善具有参考价值和启示作用。

一、　美国政府间支出配置和地方事权与支出责任

（一）政府结构及支出概述

1. 政府结构

美国是典型的联邦制国家，分权和制衡是政府组织的基本原则，也是指导政府间财政关系的重要思想。美国联邦制政府分为联邦、州和地方政府三级。美国共有 50 个州政府、1 个特区（即华盛顿哥伦比亚特区）。按照联邦政府的界定，2012 年美国有 89 055 个地方政府。美国地方政府的形式多样，其中包括县郡、乡镇、自治市、特别区等。美国宪法对州政府的权力有规定，各州政府又有各自的宪法。美国联邦政府是由州授权形成的，联邦政府和地方政府的权力是各州政府让渡的结果。联邦政府和州政府之间是一种平等关系，而地方政府行为和职权由州宪法规定，各州的州政府和地方政府之间是上下级关系。

美国地方政府（不含州）主要有两种类型：一类是通用型地方政府，包括县郡、市、镇或村，这类政府通常提供多种公共服务，如治安、交通、市政建设、垃圾处理等；另一类是提供特定公共服务、满足不同利益群体共同需求的特

别服务区政府，如向公众提供学校、消防、公园、供水等单一服务的政府。特别服务区政府是基于功能和特定公共服务的提供而设置的，其管辖区域通常与其他形式的地方政府行政管辖区域交叉重叠。特别服务区的辖区与受益范围具有一致性，符合辖区设置的财政等价原则，可以使公共服务的受益和成本相匹配，使外部效应内部化，消除“搭便车”问题，并发挥特定公共服务提供的规模效应；但这同时使地方政府太多、太杂，增加了公共服务的提供成本。县郡政府和市级政府（或镇政府、学区政府、特别服务区政府）等各种类型的地方政府之间是平级关系。

2. 政府支出规模

从历史来看，随着经济和社会的发展，美国政府的事权和支出范围也不断扩展。1930—1931 财年，美国政府支出与 GDP 之比为 12.93%。此后，由于社会福利政策、公共设施建设等应对经济危机的“新政”使政府支出范围和规模迅速扩大。20 世纪 30 年代末，政府支出与 GDP 之比达到 20%以上。第二次世界大战中，美国参战后军费开支急剧增加，政府支出规模在 1945 年占 GDP 的 51.79%，成为历史最高。第二次世界大战后，由于社会福利的发展、政府活动范围的扩张，政府支出占 GDP 的比重整体呈上升趋势。2008 年全球金融危机爆发后，美国反危机政策的实施，使政府支出占 GDP 的比重在 2009—2010 财年①达到 41.27%。其后，随着经济的复苏，政府支出占 GDP 的比重又有一定幅度的下降，2014—2015 财年政府支出为 GDP 的 34%（参见图 1-1）。

（二）联邦、州和地方政府的支出

美国联邦、州和地方三级政府有各自的事权和支出责任。在三级政府中，联邦政府的事权和支出责任更大，同时对州和地方政府给予转移支付，以支持各地方公共服务的供给及政府职能愿景的实现。表 1-1 和表 1-2 分别列举了美国联邦、州和地方政府的财政支出情况以及美国各级政府支出所占比重。从财政支出看，2014—2015 财年，联邦政府直接支出为 3.51 万亿美元，占政府总支出的 53.18%；州政府直接支出为 1.51 万亿美元，占政府总支出的 22.88%；地方政府直接支出为 1.58 万亿美元，占政府总支出的 23.94%；州和地方政府直接支出

① 美国的财政年度为每年 10 月 1 日至次年 9 月 30 日。

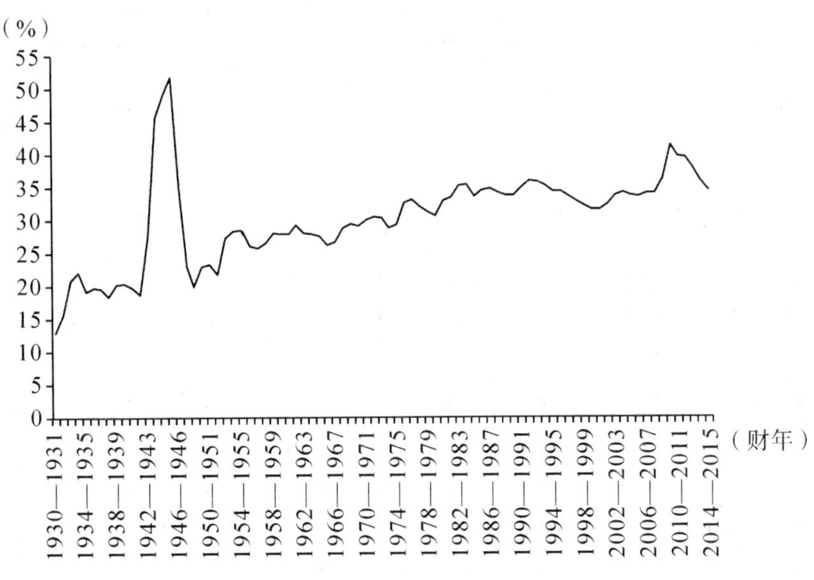

图 1-1　1930—2015 财年美国财政支出与 GDP 之比

数据来源：根据美国政府支出网（http：//www. usgovernmentspending. com/）的数据计算整理。

约占政府总支出的 56. 82%。而在 2002—2003 财年，联邦政府直接支出占政府总支出的比重为 49. 51%，州和地方政府支出占政府总支出的比重为 50. 49%。比较而言，州和地方政府的事权和支出责任有所缩减，联邦政府的事权和支出责任却在扩大。

州和地方政府相对于联邦政府更直接面对居民，理论上由州及以下地方政府提供公共服务更符合居民的偏好，在公共服务供给上更为有效。事实上，美国作为典型的分权型政府，联邦政府的公共支出与州及以下地方政府的公共支出规模大致相当，联邦政府仍承担着相对较大的事权和支出责任。联邦政府在国防、养老、医疗、社会福利、公共管理事务、公共安全、交通运输、农林牧渔、生态保护、社区发展、基础研究、经济事务等方面产生大量的支出。

表 1-1　　2002—2015 财年美国联邦、州和地方政府的财政支出情况

财政年度	联邦总支出		政府间转移支付		州直接支出		地方直接支出		总计	
	金额（万亿美元）	与 GDP 的比重（%）	金额（万亿美元）	与 GDP 的比重（%）	金额（万亿美元）	与 GDP 的比重（%）	金额（万亿美元）	与 GDP 的比重（%）	金额（万亿美元）	与 GDP 的比重（%）
2002—2003	2.01	18.32	-0.36	-3.31	0.92	8.36	1.13	10.29	3.69	33.66
2003—2004	2.16	18.76	-0.40	-3.51	0.98	8.49	1.19	10.32	3.92	34.06
2004—2005	2.29	18.68	-0.42	-3.42	1.02	8.28	1.25	10.15	4.13	33.68
2005—2006	2.47	18.88	-0.45	-3.42	1.07	8.15	1.30	9.91	4.39	33.51
2006—2007	2.66	19.16	-0.45	-3.29	1.12	8.10	1.37	9.91	4.70	33.89
2007—2008	2.73	18.85	-0.46	-3.21	1.17	8.11	1.48	10.25	4.92	34.01
2008—2009	2.98	20.26	-0.48	-3.26	1.26	8.56	1.58	10.70	5.34	36.26
2009—2010	3.52	24.40	-0.56	-3.85	1.34	9.31	1.65	11.42	5.95	41.27
2010—2011	3.46	23.10	-0.63	-4.19	1.46	9.74	1.65	11.05	5.94	39.70
2011—2012	3.60	23.22	-0.63	-4.04	1.51	9.72	1.65	10.61	6.13	39.51
2012—2013	3.54	21.88	-0.56	-3.49	1.50	9.28	1.65	10.19	6.12	37.86
2013—2014	3.45	20.60	-0.56	-3.36	1.52	9.05	1.60	9.55	6.01	35.84
2014—2015	3.51	20.13	-0.59	-3.39	1.51	8.67	1.58	9.07	6.01	34.48

数据来源：美国政府支出网（http：//www. usgovernmentspending. com/）。

表 1-2　　2002—2015 财年美国各级政府财政支出占总支出的比重

财政年度	联邦政府（%）	州政府（%）	地方政府（%）
2002—2003	49.51	22.66	27.83
2003—2004	49.88	22.63	27.48
2004—2005	50.22	22.37	27.41
2005—2006	51.03	22.11	26.86
2006—2007	51.65	21.75	26.60
2007—2008	50.74	21.75	27.51
2008—2009	51.20	21.65	27.15
2009—2010	54.07	20.58	25.35
2010—2011	52.66	22.22	25.11
2011—2012	53.25	22.34	24.41

表1-2(续)

财政年度	联邦政府（%）	州政府（%）	地方政府（%）
2012—2013	52.91	22.42	24.66
2013—2014	52.51	23.14	24.35
2014—2015	53.18	22.88	23.94

注：各级政府财政支出为直接支出，不计政府间转移支付。

数据来源：根据美国政府支出网（http：//www. usgovernmentspending. com/）的数据计算整理。

（三）州和地方政府的事权与支出责任

政府的支出结构和支出项目是政府事权与支出责任的直接体现。美国联邦、州和地方政府在事权与支出责任上具有共通性，经常共同负责提供大量公共服务。2012—2013 财年美国各级政府的财政支出项目及 2012—2013 财年美国各级政府主要支出项目的支出金额占总支出的比重分别如表 1-3 和表 1-4 所示。

表 1-3　　2012—2013 财年美国各级政府的财政支出项目　　单位：十亿美元

支出项目	联邦政府	联邦转移支付	州政府	地方政府	总支出
养老（Pensions）	819.5	-	201.2	42.9	1 063.6
其中：疾病与残障	146.4	-	10.9	-	157.3
老年人支出	673.1	-	190.3	42.9	906.3
医疗卫生（Health Care）	818.5	-269.4	476.5	138.0	1 163.6
其中：老年人医疗服务	471.8	-	-	-	471.8
医疗服务	-	-18.8	107.5	132.6	221.3
供应商付款	308.2	-250.5	369.0	5.4	432.1
教育（Education）	103.3	-63.4	271.5	609.1	920.5
其中：初等和中等教育	47.5	-	6.8	558.6	612.9
高等教育	12.1	-	220.3	39.5	271.9
国防（Defense）	849.6	0.0	0.8	0.0	850.4
福利事业（Welfare）	411.2	-135.6	181.6	90.2	547.4
其中：家庭和小孩	269.5	-100.1	64.3	46.9	280.6
失业	93.8	-7.3	107.2	0.3	194.0
住房	47.9	-28.3	10.1	43.1	72.8

表1-3(续)

支出项目	联邦政府	联邦转移支付	州政府	地方政府	总支出
公共安全（Protection）	35.7	-7.2	67.7	157.8	254.0
其中：警察服务	29.0	-4.7	12.8	84.1	121.2
消防	-	-	-	42.4	42.4
监狱和社会矫正	6.8	-	46.0	26.6	79.4
其他公共秩序与安全	-	-2.5	8.8	4.7	11.0
交通运输（Transportation）	93.0	-60.7	114.0	133.7	280.0
其中：交通运输	93.0	-47.8	101.0	84.4	230.6
公交	-	-13.0	13.0	49.3	49.3
一般公共管理服务（General Government）	50.6	-4.1	51.0	72.9	170.4
其中：行政与立法机关	18.8	-	29.9	50.9	99.6
法院	20.5	-	21.1	22.0	63.6
一般服务	11.2	-4.1	-	-	7.1
其他支出（Other Spending）	135.1	-24.6	88.4	340.9	539.8
其中：基础研究	16.6	-	-	-	16.6
农林牧渔	24.6	-13.9	18.9	10.2	39.8
燃料和能源	8.3	-0.9	10.4	73.1	90.9
废物管理	-	-	3.3	72.7	76.0
污染治理	10.8	-5.6	-	-	5.2
保护生物和景观	11.1	-	-	-	11.1
社区发展	25.1	-	-	1.9	27.0
供水系统	9.2	-	0.4	60.8	70.4
休闲与体育服务	3.8	-	4.6	32.8	41.2
经济事务	26.4	-	2.5	2.5	31.4
利息支出（Interest）	220.4	0.0	47.3	61.8	329.5
总支出（Total Spending）	3 537.0	-564.8	1 500.1	1 647.4	6 119.7
联邦赤字（Federal Deficit）	1 087.0	0.0	0.0	0.0	1 087.0
公债（Gross Public Debt）	16 050.9	0.0	1 145.6	1 796.7	18 993.2

注：联邦转移支付为联邦政府对州和地方政府的转移支付或补助。

数据来源：美国政府支出网（http：//www. usgovernmentspending. com/）。

表 1-4 2012—2013 财年美国各级政府主要支出项目的支出金额占总支出的比重

支出项目	联邦政府（%）	联邦转移支付（%）	州政府（%）	地方政府（%）
养老（Pensions）	77.05	0.00	18.92	4.03
医疗卫生（Health）	70.34	-23.15	40.95	11.86
教育（Education）	11.22	-6.89	29.49	66.16
国防（Defense）	99.89	0.00	0.09	0.00
福利事业（Welfare）	75.12	-24.77	33.18	16.48
公共安全（Protection）	14.05	-2.83	26.64	62.10
交通运输（Transportation）	33.21	-21.68	40.71	47.75
一般公共管理服务（General Government）	29.69	-2.41	29.93	42.78
其他支出（Other Spending）	25.03	-4.56	16.38	63.15

数据来源：美国政府支出网（http：//www. usgovernmentspending. com/）。

州政府的主要事权和支出责任主要有医疗卫生、高等教育、养老、福利事业、高速公路的运营和建设、公共安全、州公共行政事务等。2012—2013 财年美国州政府财政支出结构如图 1-2 所示。①医疗卫生。医疗卫生支出是州政府的第一大支出。2012—2013 财年，该项支出占州政府总支出的 31.76%，主要用于医疗服务（包括公共卫生服务和医院运营、建设及其他资本性支出）和对私人部门提供的公共医疗服务项目的支付。②教育。2012—2013 财年，教育支出占州政府总支出的 18.1%，是州政府的第二大支出项目。州政府的教育支出主要花费在高等教育；此外，也有州奖助学金、对特定教育培训的项目支出（如残障教育、成年教育、职业教育等）、在初等和中等教育上的少量支出。③养老。2012—2013 财年，养老支出占州政府总支出的 13.41%，是州政府的第三大支出项目。州养老支出主要用于公共部门就业人员退休金支付，以及对符合州强制意外伤害保险计划的职工进行的支付。④福利事业。2012—2013 财年，福利支出占州政府总支出的 12.11%，是州政府的第四大支出项目。该项支出主要用于对失业人员的失业补偿、对居民家庭和小孩的收入性支持、住房和社区发展。⑤交通运输。州政府的交通运输支出主要花在高速公路的运营和建设、公交事业上。2012—2013 财年，该项支出占州政府支出的 7.6%。⑥公共安全。州政府的公共安全支出主要用于监狱、警察服务和其他一些公共秩序及安全事项。2012—2013财年，该项支出占州政府支出的4.51%。⑦一般公共管理服务。州的一般公共管理服务支出是州立法机关、行政机关和法院的支出。2012—2013财年，该项支出占州政府支出的3.4%。⑧其他。州政府在自然资源事务、能源和燃料等方面也承担有部分事权与支出责任。2012—2013财年，该项支出占州政府支出的5.89%。

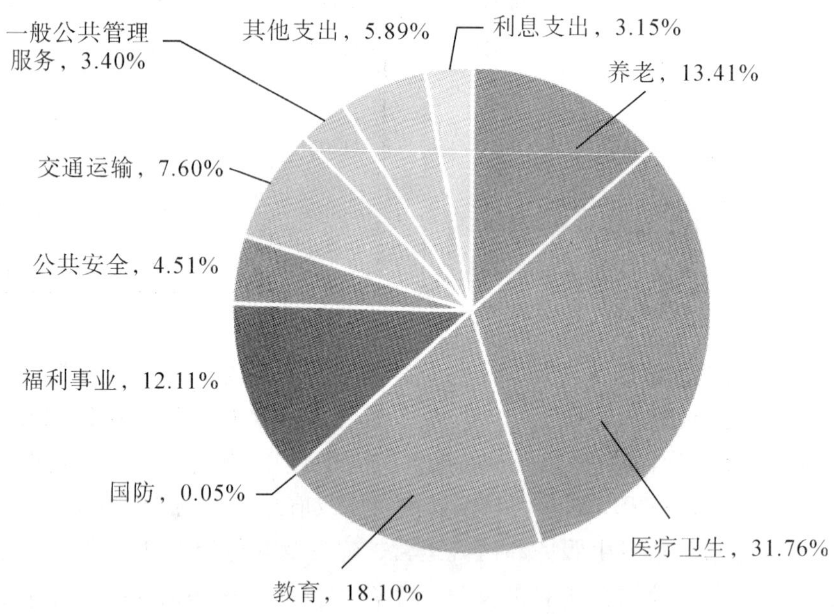

图 1-2　2012—2013 财年美国州政府财政支出结构

数据来源：根据美国政府支出网（http：//www. usgovernmentspending. com/）的数据计算整理。

美国地方政府主要承担受益范围和需求具有地方性的公共服务，如基础教育、消防、治安、道路和公交的建设和运营、医疗、娱乐和体育、供水等。2012—2013财年，美国地方政府财政支出结构如图1-3所示。①教育。教育支出是地方政府的第一大支出。2012—2013财年，教育支出占地方政府总支出的36.9%，主要用于初等和中等教育、高等教育、图书馆建设等，其中初等和中等教育支出占地方教育支出的90%以上。②公共安全。地方政府的安全事务主要包括消防、犯罪矫正等。2012—2013财年，该项支出占地方政府总支出的9.58%。

③医疗卫生。地方政府的医疗卫生支出主要用于辖区公共卫生服务和医院运营、建设及其他资本性支出，以及少量对私人部门提供的公共医疗服务项目的支付。2012—2013 财年，该项支出占地方政府总支出的 8.38%。④交通运输。地方政府的交通运输支出主要用于辖区内高速公路、公交、机场等的建设和运营。2012—2013 财年，该项支出占地方政府总支出的 8.12%。⑤福利事业。2012—2013 财年，地方政府社会福利性支出占地方政府总支出的 5.48%，主要包括对居民家庭和小孩的收入性支持、住房和社区的发展支出。⑥地方一般公共管理服务。该项支出主要指地方行政和立法机关、法院的公共事务支出。2012—2013 财年，该项支出占地方政府总支出的 4.43%。⑦养老。地方养老支出主要用于对公共部门就业人员的退休补助。2012—2013 财年，该项支出占地方政府总支出的 2.6%。⑧其他地方事务。地方政府在垃圾清理、排污及污水处理、自来水供给、娱乐和体育、能源供应、自然资源及其他地方事务中承担着大量事权和支出责任。该部分支出占地方政府总支出的 20.69%。

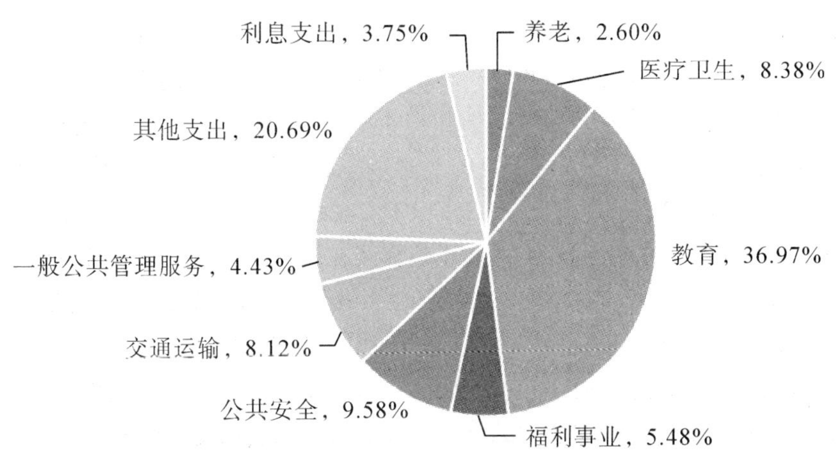

图 1-3　2012—2013 财年美国地方政府财政支出结构

数据来源：根据美国政府支出网（http：//www. usgovernmentspending. com/）的数据计算整理。

二、 美国政府间财政收入和税收划分

（一）联邦、州和地方政府的财政收入概述

公共服务的提供和财政支出的实现需要有政府财力保证。美国联邦、州和地方政府的直接财政收入情况见表1-5。与庞大的财政支出相对应，美国政府财政收入规模巨大。由表1-5可知，2002—2003财年，美国财政总收入为3.3万亿美元，财政收入占GDP的29.97%；2014—2015财年，美国财政总收入达到5.82万亿美元，占GDP的33.41%。从财政收入占GDP的比例来看，美国财政收入规模低于大多数发达国家，但是从财政收入的绝对规模来看，美国政府是世界上财力最雄厚的政府。

在联邦、州和地方三级政府中，联邦直接财政收入约占总收入的一半，州和地方政府收入合计占总收入的近一半。美国各级政府直接财政收入占总收入的比重见表1-6。由表1-6可知，2014—2015财年，联邦、州和地方政府直接财政收入分别占总收入的51.89%、28.52%和19.59%，这样的财政收入分配格局和联邦、州和地方的支出责任是相一致的。2014—2015财年，联邦政府和州政府的财政支出分别占总支出的48.6%和25.12%，联邦和州财政收入比重略高于其财政支出占比的财政收入份额，可以使联邦和州在履行本级政府事权和支出责任的同时，对下级政府进行转移支付，以实现公共服务均等化和其他特定政策目标。2012—2015财年，联邦对州和地方的转移支付占联邦财政支出的15.97%，联邦转移支付约占州和地方政府财政总支出的18%，对医疗卫生、福利事业、交通运输和教育的转移支付是转移支付的主要方向，占联邦转移支付的较大比重。

表1-5　2002—2015财年美国联邦、州和地方政府的直接财政收入情况

财政年度	联邦政府（万亿美元）	州政府（万亿美元）	地方政府（万亿美元）	总收入（万亿美元）	总收入占GDP的比重（%）
2002—2003	1.85	0.76	0.68	3.29	29.97
2003—2004	1.78	0.93	0.74	3.45	29.97
2004—2005	1.88	1.19	0.82	3.89	31.69

表1-5(续)

财政年度	联邦政府（万亿美元）	州政府（万亿美元）	地方政府（万亿美元）	总收入（万亿美元）	总收入占GDP的比重（%）
2005—2006	2.15	1.23	0.86	4.24	32.38
2006—2007	2.41	1.36	0.93	4.70	33.92
2007—2008	2.57	1.57	1.03	5.17	35.71
2008—2009	2.52	1.14	1.01	4.67	31.73
2009—2010	2.10	0.64	0.92	3.66	25.38
2010—2011	2.16	1.46	1.09	4.71	31.47
2011—2012	2.30	1.68	1.12	5.10	32.87
2012—2013	2.45	1.37	1.08	4.90	30.32
2013—2014	2.78	1.66	1.12	5.56	33.16
2014—2015	3.02	1.66	1.14	5.82	33.41

数据来源：根据美国政府收入网（http：//www. usgovernmentrevenue. com/）的资料整理。

表1-6　2002—2015财年美国各级政府直接财政收入占总收入的比重

财政年度	联邦政府（%）	州政府（%）	地方政府（%）
2002—2003	56.06	23.03	20.61
2003—2004	51.59	26.96	21.45
2004—2005	48.33	30.59	21.08
2005—2006	50.71	29.01	20.28
2006—2007	51.28	28.94	19.79
2007—2008	49.71	30.37	19.92
2008—2009	53.96	24.41	21.63
2009—2010	57.38	17.49	25.14
2010—2011	45.86	30.99	23.14
2011—2012	45.10	32.94	21.96
2012—2013	50.00	27.96	22.04
2013—2014	50.00	29.86	20.14
2014—2015	51.89	28.52	19.59

数据来源：根据美国政府收入网（http：//www. usgovernmentrevenue. com/）的资料整理。

（二）联邦、州和地方政府的财政收入构成

美国联邦政府的直接收入主要包括税收、商业及其他收入。此外，债务收入也是联邦政府收入的重要来源。个人所得税、社会保障税（养老、医疗、残障等）、公司所得税和从价税（消费税、运输税等）是联邦政府的重要税收来源。2014—2015 财年，美国各级政府的财政收入项目如表 1-7 所示。其中，2014—2015 财年，个人所得税占联邦财政直接收入的 46.16%，社会保障税占联邦政府直接收入的 33.87%，公司所得税占联邦政府直接收入的 10.61%，消费税、运输税及其他从价税约占联邦政府直接收入的 6%（如图 1-4 所示）。

州政府的直接收入主要包括税收、收费、商业及其他收入。此外，还有债务和转移支付收入。州政府的税收主要有社会保障税（退休、失业等）、销售税、个人所得税、公司所得税、运输税等。2014—2015 财年，在州政府直接收入中，社会保障税收入占 27.17%，销售税收入占 20.82%，个人所得税收入占 18.65%，公司所得税收入占 2.75%，运输税收入占 4.02%，消费税收入占 2.82%（如图 1-5所示）。

地方政府的直接收入类型和州政府类似，主要包括税收、收费、商业及其他收入。除直接收入外，还有债务和转移支付收入。地方政府的税收主要有财产税、销售税、社会保障税（退休、失业等）等。2014—2015 财年，在州政府直接收入中，财产税收入占 37.98%、销售税收入占 8.96%、社会保障税收入占 4.41%、个人所得税收入占 2.57%（如图 1-6 所示）。

表 1-7　　2014—2015 财年美国各级政府的财政收入项目　　单位：十亿美元

收入项目	联邦政府	州政府	地方政府	总收入
所得税（Income Tax）	1 715.3	354.9	37.2	2 107.4
个人所得税（Individual Income Tax）	1 394.6	309.3	29.4	1 733.3
公司所得税（Corporate Income Tax）	320.7	45.6	7.9	374.2
社会保障税（Social Insurance Tax）	1 023.5	450.6	50.4	1 524.5
老年保险（Old Age Survivors Insurance）	628.8	-	-	628.8
残障保险（Disability Insurance）	106.8	-	-	106.8
医疗保险（Hospital Insurance）	224.1	-	-	224.1

表1-7(续)

收入项目	联邦政府	州政府	地方政府	总收入
失业保险（Unemployment Insurance）	55.0	85.8	0.2	141.0
退休保险（Employee Retirement Insurance）	3.5	364.8	50.2	418.5
铁路职工退休险（Railroad Retirement Insurance）	5.4	0.0	0.0	5.4
从价税（Ad valorem Tax）	183.5	508.4	564.5	1 256.4
消费税（Excise Tax）	40.8	46.8	5.8	93.4
销售税（Sales Tax）	–	341.7	102.4	444.1
财产税（Property Tax）	–	13.1	434.1	447.2
运输税（Transportation）	52.6	66.7	3.2	122.5
许可证（License）	–	32.8	14.2	47.0
其他（Other）	90.1	7.2	4.7	102.0
收费（Fees and Charges）	–	190.9	265.2	456.1
教育（Education）	–	98.6	23.3	121.9
卫生（Health）	–	56.2	83.5	139.7
运输（Transportation）	–	12.4	32.3	44.7
自然资源（Natural Resources）	–	2.8	8.6	11.4
公共设施（Utilities）	–	1.0	61.1	62.1
其他（Other）	–	19.9	56.5	76.4
商业和其他收入（Business and Other Revenue）	99.2	153.7	225.6	478.6
设施和酒专营（Utility and Liquor Store）	–	21.5	144.2	165.7
其他（Other）	99.2	132.2	81.5	312.9
直接总收入（Total Direct Revenue）	3 021.5	1 658.6	1 143.0	5 823.1
公债总额（Gross Public Debt）	17 794.4	1 140.2	1 867.2	20 801.8

数据来源：根据美国政府收入网（http://www.usgovernmentrevenue.com/）的资料整理.

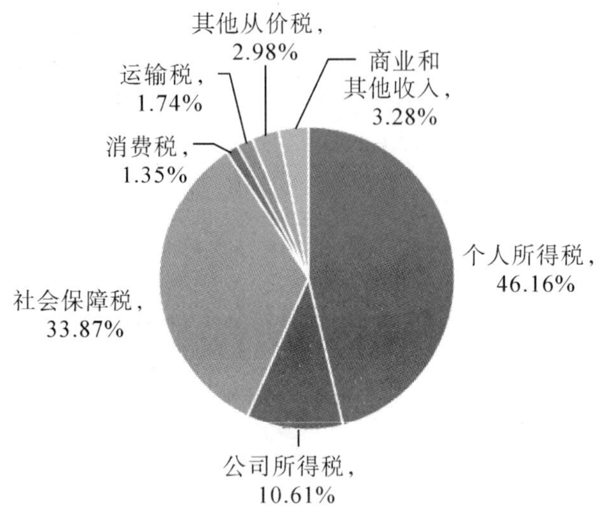

图 1-4　2014—2015 财年美国联邦政府直接收入结构

数据来源：根据美国政府收入网（http：//www. usgovernmentrevenue. com/）的数据计算整理。

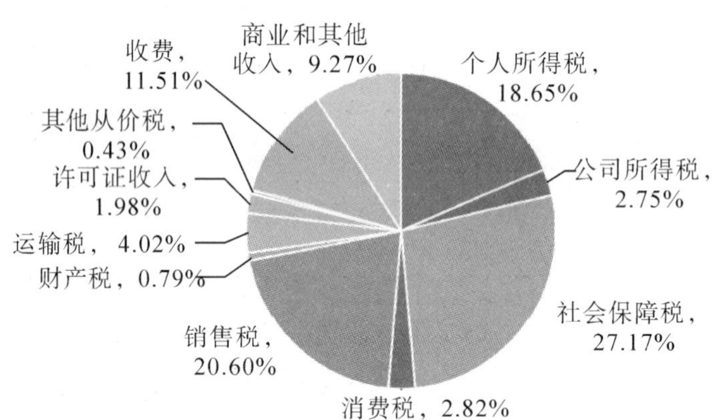

图 1-5　2014—2015 财年美国州政府直接收入结构

数据来源：根据美国政府收入网（http：//www. usgovernmentrevenue. com/）的数据计算整理。

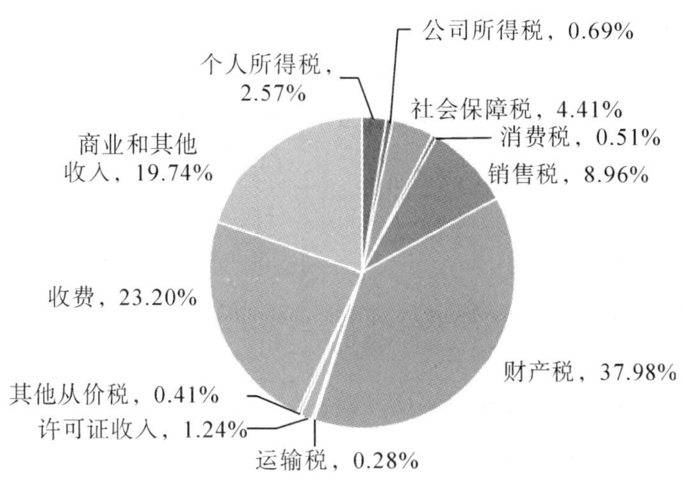

图 1-6 2014—2015 财年美国地方政府直接收入结构

数据来源：根据美国政府支出网（http：//www. usgovernmentspending. com/）的数据计算整理。

（三）联邦、州和地方政府的税收划分

美国宪法对各级政府的税收没有过多的限制，但联邦宪法有“对于从任何一州输入的货物不得征收直接税或间接税”“任何贸易条例或税收条例不得给予一州港口以优于另一州港口的特惠，开往或来自一州的船舶不得强令其在另一州入港、出港或交纳关税”“无论何州，未经国会同意，不得对进出口货物征收进口税或间接税”“无论何州，未经国会同意，不得征收船舶吨位税”等规定。这些规定对州和地方的征税权产生约束，主要目的在于防止州与州之间的税收影响全国市场的统一。州宪法对州的课税权有一定限制，但这些规定不能与联邦宪法相冲突。州以下地方政府的税收权限由州法律赋予。在联邦和州宪法规定的范围内，地方政府可以制定本地的税收法规，并行使税收管理权。

美国的税收分配制度主要为税基在联邦、州和地方三级政府之间共享。各级政府都有多种税收资源，每级政府的重点税种各有不同，体现了基于税种本身的特点、税种的激励结构和税收征管效率进行税收分配和分权的理念。联邦政府税收以个人所得税、公司所得税和社会保障税为主，辅之以消费税等。州政府税收以销售税为主，辅之以社会保障税和个人所得税等。地方政府以财产税为主，辅之以销售税等。2014—2015 财年，美国联邦、州和地方政府各项收入占该项收

入总金额的比重如表 1-8 所示。

表 1-8　　2014—2015 财年美国联邦、州和地方政府各项收入占该项收入总金额的比重　　单位：%

收入项目	联邦政府	州政府	地方政府
所得税（Income Tax）	81. 39	16. 84	1. 77
个人所得税（Individual Income Tax）	80. 46	17. 84	1. 70
公司所得税（Corporate Income Tax）	85. 70	12. 19	2. 11
社会保障税（Social Insurance Tax）	67. 14	29. 56	3. 31
老年保险（Old Age Survivors Insurance）	100. 00	-	-
残障保险（Disability Insurance）	100. 00	-	-
医疗保险（Hospital Insurance）	100. 00	-	-
失业保险（Unemployment Insurance）	39. 01	60. 85	0. 14
退休保险（Employee Retirement Insurance）	0. 84	87. 17	12. 00
铁路职工退休险（Railroad Retirement Insurance）	100. 00	-	0. 00
从价税（Ad valorem Tax）	14. 61	40. 46	44. 93
消费税（Excise Tax）	43. 68	50. 11	6. 21
销售税（Sales Tax）	-	76. 94	23. 06
财产税（Property Tax）	-	2. 93	97. 05
运输税（Transportation）	42. 94	54. 45	2. 61
许可证（License）	0. 00	69. 64	30. 15
其他（Other）	88. 25	7. 05	4. 60
收费（Fees and Charges）	-	41. 85	58. 15
教育 Education	-	80. 95	19. 13
卫生 Health	-	40. 23	59. 77
运输 Transportation	-	27. 74	72. 26
自然资源 Natural Resources	-	24. 56	75. 44
公共设施 Utilities	-	1. 61	98. 39

表1-8(续)

收入项目	联邦政府	州政府	地方政府
其他 Other	-	26.05	73.95
商业和其他收入（Business and Other Revenue）	20.73	32.11	47.14
设施和酒专营（Utility and Liquor Store）	-	12.98	87.02
其他（Other）	31.70	42.25	26.05
直接总收入（Total Direct Revenue）	51.89	28.48	19.63
公债总额（Gross Public Debt）	85.54	5.48	8.98

数据来源：根据美国政府收入网（http：//www. usgovernmentrevenue. com/）的数据整理.

三、 美国州与地方政府的主要税种

（一）销售税

销售税是美国州政府的主体税种，也是县市等地方政府的重要税收来源。2014—2015 财年，美国销售税收入共计 4 441 亿美元。其中，州政府销售税收入为 3 417 亿美元，占销售税总收入的 76.94%；地方政府销售税收入为 1 024 亿美元，占销售税总收入的 23.06%。州销售税收入占州总直接收入的 20.6%，地方销售税收入占地方总直接收入的 8.96%。州和地方政府对销售（或租赁）商品或服务征收销售税。美国的 45 个州、华盛顿哥伦比亚特区、波多黎各和关岛都征收一般性销售税，州政府也对特定商品及服务的销售或租赁征收选择性销售税。

阿拉斯加州、特拉华州、蒙大拿州、新罕布什尔州和俄勒冈州 5 个州政府不征收销售税，加利福尼亚州的销售税税率为 7.5%，在各州销售税中税率最高（见表 1-9）。除州政府征收的销售税外，州内的各县及市地方政府销售税的征收情况也大相径庭。

例如，加利福尼亚州索诺马县（Sonoma County）销售税税率为 0.75%，该县的圣罗莎市（Santa Rosa）政府又征收 0.5%的销售税；加利福尼亚州的阿拉米达县（Alameda County）销售税税率为 2%，该县的奥克兰市（Oakland）政府不征收销售税；而加利福尼亚州的克恩县（Kern County）、文图拉县（Ventura County）都不征收销售税，克恩县的贝克尔斯菲市（Bakersfield）政府不征销售税，文拉图县的奥克斯那德市（Oxnard）征收 0.5%的销售税。在阿肯色州的一些地方，州、县和市的销售税税率最高达到 11.625%，其中州销售税税率为 6.5%。该州斯科特县（Scott County）的销售税税率为 2.625%，斯科特县的曼斯菲尔德市（Mansfield）政府征收 2.5%的销售税。

销售税由销售方在零售时征收，但不对批发环节和中间产品的销售征税。应纳税额为商品或服务买价（净售价）与税率的乘积。各州对零售的界定和应税商品和服务范围的规定不同，没有州是对所有商品征税的，几乎所有的地区都规定了大量的免税商品和服务。对食品（饭店销售除外）、处方药、农业物资等，各州一般都免税。大多数州都对一些服务征收销售税，但是对服务征税是例外而不是规律。

包括地方政府征收的销售税在内，销售税一般由州政府征收和管理。州政府可以向零售商征收，也可以向零售买家征收、由零售商在销售时具体收集税款。一般情况下，零售商在销售时必须同时向州内购买者收取销售税税款。若零售商或零售买家在购买属于本州应纳销售税的商品和服务时没有纳税，比如在其他州购买该商品未纳税，在本州使用时应缴纳使用税（use tax）。一些州允许零售商或零售买家在缴纳使用税时扣除在其他州购买该商品时缴纳的销售税。

表 1-9　　2015 年美国州与地方政府的销售税税率　　单位:%

州	州税率	地方税率（含州）	州	州税率	地方税率（含州）
亚拉巴马州	4.00	4.000～11.000	蒙大拿州	0.00	0.00
阿拉斯加州	0.00	0.000～7.500	内布拉斯加州	5.50	5.500～7.500
亚利桑那州	5.60	5.850～10.900	内华达州	6.85	6.850～8.100
阿肯色州	6.50	6.500～11.625	新罕布什尔州	0.00	0.00
加利福尼亚州	7.50	7.500～10.000	新泽西州	7.00	7.00
科罗拉多州	2.90	2.900～10.400	新墨西哥州	5.13	5.125～8.688
康涅狄格州	6.35	6.35	纽约州	4.00	4.000～8.875
特拉华州	0.00	0.00	北卡罗来纳州	4.75	6.750～7.500

表1-9(续)

州	州税率	地方税率（含州）	州	州税率	地方税率（含州）
佛罗里达州	6.00	6.000~7.500	北达科他州	5.00	5.000~8.500
乔治亚州	4.00	4.000~8.000	俄亥俄州	5.75	6.500~8.000
夏威夷州	4.00	4.000~4.500	俄克拉荷马州	4.50	4.500~11.000
爱达荷州	6.00	6.000~8.500	俄勒冈州	0.00	0.00
伊利诺伊州	6.25	6.250~10.000	宾夕法尼亚州	6.00	6.000~8.000
印第安纳州	7.00	7.00	罗得岛州	7.00	7.00
爱荷华州	6.00	6.000~7.000	南卡罗来纳州	6.00	6.000~8.500
堪萨斯州	6.50	6.500~10.500	南达科他州	4.00	4.000~6.000
肯塔基州	6.00	6.00	田纳西州	7.00	8.500~9.750
路易斯安那州	4.00	4.000~11.000	得克萨斯州	6.25	6.250~8.250
缅因州	5.50	5.50	犹他州	5.95	5.950~8.350
马里兰州	6.00	6.00	佛蒙特州	6.00	6.000~7.000
马萨诸塞州	6.25	6.25	弗吉尼亚州	4.30	5.300~6.000
密歇根州	6.00	6.00	华盛顿州	6.50	7.000~9.600
明尼苏达州	6.88	6.875~8.375	西弗吉尼亚州	6.00	6.000~7.000
密西西比州	7.00	7.000~8.000	威斯康星州	5.00	5.000~5.600
密苏里州	4.23	4.225~9.350	怀俄明州	4.00	4.000~6.000
华盛顿哥伦比亚特区	5.75	0.00			

资料来源：美国销售税网站（http：//www. sale-tax. com/）。

（二）财产税

财产税是美国地方政府的主要收入来源。财产税为地方消防、法律执行、公共教育、道路建设和其他公共服务提供了资金。财产税由地方政府征管，但由于县、市、镇、学区、公共服务区等辖区的交叉，很多财产可能有超过一个地方政府对其征税，因此许多州政府对地方政府财产税的征收行为进行了规范，如一些州规定了财产价值的确定方式，使各地方以相同评估值为基础对同一特定房产或财产征税。

财产税主要对房地产和个人财产征收，包括土地、建筑物及其固定装置等不动产、商业用的其他财产。财产税应纳税额为财产公允市场价值与评估比率之积再乘以税率。不同地区的评估比率和税率不同，同一辖区内评估比率和税率也因财产类型或使用状况而不同，评估比率和税率一般由地方立法机构决定。各地方在州法律约束下自行确定本辖区财产税税率。一些地区对财产分类，如居民房产、商业房产、工业房产、空置房产、破旧房产等，并基于不同的公共政策目的设定不同的税率。税率可根据地方预算支出需要经法定程序每年调整，如华盛顿哥伦比亚特区对不同类别房产以不同税率征税，对居民用房产按评估值征收0.85%的房产税，对空置的房产按评估值征收5%的房产税，以鼓励房产的充分利用和资源的优化配置。2015年华盛顿哥伦比亚特区的财产税税率如表1-10所示。

表1-10　　2015年华盛顿哥伦比亚特区的财产税税率

房产类别	描述	税率（%）
Class 1	居民用房产，包括多户家庭使用的房产	0.85
Class 2	商业和工业房产，评估值小于等于300万美元的部分	1.65
	商业和工业房产，评估值大于300万美元的部分	1.85
Class 3	空置的房产（含商业用和居民用房产）	5
Class 4	破损的房产	10

注：①华盛顿哥伦比亚特区的《2011财年预算支持法案》设置了Class 3和Class 4财产税税率。②对于满足规定的特定条件的空置房产可依程序适用Class 1和Class 2的税率。

财产或房产价值的确定是房产税征收的重要方面，直接影响应纳税收的数量。有多种技术方法用于价值评估。除房产最近时期的售价外，价值确定具有一定的主观因素。许多州要求征税地方每3~4年对房产或财产价值进行再评估。房产价值通常由评估日（valuation date）房产实际使用情况而非潜在使用情况决定。房产价值由征税机关的估税员（tax assessor）确定。对于非最近销售的房产，估税员可以使用多种方法来确定房产价值。可比售价法、成本法、收入法是三个常用方法。大多数房产的估价可以采取可比售价法。可比售价法采用相似房产的最近销售价格，并在考虑房产（或财产）性质、地点、大小、用途、附属设施、外部环境和限制因素等的差异的基础上对价值进行调整。在可比售价法难以运用时，可采用成本法。成本法是以财产或房产的原始成本或重置成本为依据进行估价。评估原始成本时，要根据通货膨胀和建造成本结构变化对原始成本进行调整；而重置成本以预计建造成本来确定。收入法是以房产或财产未来预计产生的收入流的现值为依据进行估计。在该方法使用时，选择合理的贴现率至关重要。虽然在一些地区，财产税的征管由一个共同的管理机构负责，但在一般情况下财产税还是由各地方政府分别征管，通常是由具有税收管辖权的地方行政部门（如市政厅）进行征管，具体形式和组织往往会因地区而不同。

（三）消费税

美国的消费税是对特定商品和行为征收的间接税，联邦、州和地方政府都征收消费税。美国宪法要求联邦政府征收的消费税全国统一，而州和地方政府征收的消费税不需要统一。2014—2015 财年，美国联邦、州和地方政府分别征收消费税 408 亿美元、468 亿美元和 58 亿美元，总计约 934 亿美元；联邦、州和地方政府的消费税收入分别占消费税总额的 43. 68%、50. 11%和 6. 21%。消费税主要归州和联邦政府所有。联邦、州和地方政府的消费税收入占本级政府总直接收入的比例分别为 1. 35%、2. 82%和 0. 51%。消费税在三级政府的收入中所占比重很小，是三级政府收入的补充。

美国消费税通常对汽油、柴油、啤酒、白酒、红酒、烟草、运输票、轮胎、卡车、移动电话等征收。对汽油、汽车（以费的形式）、运输票、移动电话等征收的消费税主要是为政府高速公路和基础设施的建设提供资金。包括酒、香烟在内的其他税目，除了为政府提供收入外，主要是通过征税来抑制特定消费行为。该类消费税也被称为罪恶税（sin tax）。所有的州都对酒和香烟征收所谓的罪恶税（消费税），也有许多州对购买高油耗车、枪支、娱乐门票、苏打水、不健康食品（俗称“肥胖税”）和日晒美容沙龙等征收消费税。消费税通常包含在商品和服务的价格之中，没有将税额与价格分别列出。为方便征收，消费税一般采取从量计征。消费税由生产商或零售商向国内收入局、州或地方税务部门缴纳，而不是由消费者直接支付，但税收负担往往通过转嫁的方式由产品和服务的最终消费者承担。

例如，2015 年，联邦政府对汽油和柴油分别按照每加仑 18.4 美分和 24.4 美分征收消费税，各州政府对汽油和柴油征收的消费税各不相同。就州政府汽油消费来看，阿拉斯加州最低，每加仑征 12.25 美分；宾夕法尼亚州最高，每加仑征 51.46 美分；美国州政府征收的汽油消费税平均为每加仑 30.48 美分。

（四）社会保障税（联邦和州）

1935 年 8 月 14 日，美国总统富兰克林·罗斯福签署了《社会保障法案》(Social Security Act)，美国的社会保障制度开始建立。美国联邦社会保障项目主要有老年、遗属和残障保险（Old-Age, Survivors, and Disability Insurance, OASDI)，医疗保险以及铁路职工退休保险。

1. 社会保险税和医疗保险税

联邦社会保障资金是通过联邦社会保险捐助法（FICA）或自雇捐助法（SECA)，对工薪收入征收的工薪税（payroll tax）的筹集。以工薪税收形式筹集的联邦社会保障税主要是为老年、遗属和残障保险筹资的社会保险税（OASDI tax）和为医疗保险筹资的医疗保险税（medicare tax)。这两种税收都是以支付或领取的工薪为对象向雇主和雇员征收，雇主和雇员各支付一半，自雇业者则要交双份。2015 年，雇主和雇员缴纳社会保险税的税率都是 6.2%，医疗保险税都是 1.45%；对雇主和雇员征收的社会保险税和医疗保险税的综合税率分别为 12.4% 和 2.9%。社会保险税的应税收入（taxable income）有一个上限，2015 年是 118 500美元，超过上限的收入是不征收社会保险税的，医疗保险税没有这个上限（见表 1-11)。联邦社会保障税或联邦工薪税由国内收入局（Internal Revenue Service, IRS）负责征收，筹集的资金纳入预算，进入联邦老年和遗属信托基金（Federal Old-Age and Survivors Insurance Trust Fund)、联邦残障保险信托基金（Federal Disability Insurance Trust Fund)、联邦医院保险基金（Federal Hospital Insurance Trust Fund）或联邦补充医疗保险信托基金（Federal Supplementary Medical Insurance Trust Fund)，整体构成社会保障信托基金，以信托基金的方式管理。社会保障支出由社会保障署（Social Security Administration, SSA）提出预算并经国会批准后，从信托基金中给付。

表 1-11 美国联邦社会保险税税率

年份	联邦社会保险税最大征税收入（美元）	联邦社会保险税税率（%）	联邦医疗保险税税率（%）
1937	3 000	2	-
1966	6 600	7.7	0.7
1975	14 100	9.9	1.8
1985	39 600	11.4	2.7
1995	61 200	12.4	2.9
2005	90 000	12.4	2.9
2011	106 800	10.4	2.9
2012	110 100	10.4	2.9
2013	113 700	12.4	2.9
2014	117 000	12.4	2.9
2015	118 500	12.4	2.9

资料来源：美国税收政策中心网站（http：//www. taxpolicycenter. org/）。

2. 退休保险税（公共部门雇员退休保险）

美国联邦、州和地方政府预算中的退休保险金是公共部门工作人员的保险金收入。2014—2015 财年，美国联邦、州和地方公共部门的退休保险金收入分别为 35 亿美元、3 648 亿美元和 502 亿美元，合计是 4 185 亿美元。其中，2014—2015 财年的州公共部门退休保险金收入中有 101 亿美元是由州雇员缴纳的，287 亿美元是由地方雇员缴纳的，373 亿美元是由其他政府雇员缴纳的，除此之外的 2 887 亿美元是州退休保险金的投资收益所得①。

1986 年 6 月，美国通过了新的适用于美国公共部门雇员的联邦雇员退休制度（Federal Employees Retirement System，FERS），替代了 1920 年实行的公务员退休制度（Civil Service Retirement System ，CSRS）②，以使联邦退休保障与私人部门大致一致。该制度由强制参与的社会养老保险（social security）、固定收益的联

① 根据美国政府收入网（http：//www. usgovernmentrevenue. com/）的数据整理。

② 采取“老人老办法”，1984 年 1 月 1 日之前的仍适用《公务员退休制度》。

邦雇员退休年金（FERS annuity，Basic benefit plan）和固定缴费的节俭储蓄计划（Thrift Savings Plan，TSP）三部分组成，三个养老计划都有各自的筹资方式。

美国的所有的州都至少有一个针对其雇员的退休保险制度。例如，加利福尼亚州公共部门养老保障制度是以加州公共雇员退休金（California Public Employees' Retirement System，简称 CalPERS）为核心，覆盖了加州州政府雇员、学校雇员、地方公共部门工作人员三大类。加州公共雇员退休基金的运作管理由州宪法、法律和法规规范，是美国最大的公共养老基金，2015 年 7 月总资产为 3 023.5亿美元。加州公共雇员退休金的资金来源主要有雇员缴费、雇主缴费和投资收益。雇员缴费是指雇员按其工薪的一定比例依法缴费。缴费比例因个人类别和福利类型而不同。雇主缴费是指学校和其他公共机构按照工资的 12.7%为其雇员缴费。此外，雇主的缴费也是变化的，当投资回报高时，雇主缴费率下降，反之则上升。再如，伊利诺伊州公共雇员退休制度包括五个方面：州雇员退休制度（SERS）、教师退休制度（TRS）、州立大学退休制度（SURS）、法官退休制度（JRS）和议会退休制度（GARS）。雇员缴费、雇主缴费和投资收益是伊利诺伊州各公共雇员退休金的主要资金来源，以上五项退休基金的参加者应分别以年工薪收入的 8%、9.4%、4%、11.5%和 11%缴费。

3. 失业保险税

美国建立的失业保险基金是联邦和州政府共同参与的一个社会保险项目。不同州的失业保险补助和失业保险税差异很大。雇主向联邦和州同时缴纳失业保险税（unemployment insurance tax），为失业保险基金提供资金。根据雇主裁员历史（经验评估）的不同，雇主的税率也不同。

目前，联邦失业保险税率为 6%，税基为每个受保雇员年应税工资中最初的 7 000美元。如果州失业保险税符合联邦法的基本要求，对于该州已缴纳了州失业保险税的雇主，可以准予抵扣掉联邦税率的 90%，这样联邦政府的净税率为 0.6%。联邦失业保险税用以支持失业保险项目的管理费，在高失业率时期支付一半的延长期失业保险，必要时借贷州政府，用以支付州失业保险。州政府应为借贷支付利息。

各州对雇主征收失业保险税，形成州失业保险基金，主要用于支付失业保险金及紧急状态下延长期的另一半失业保险金。各州法律可自主决定本州失业保险税的税率。各州的税率和税基大都不同，基本上所有州的应税工资基数（taxable wages base）或税基都在联邦政府的税基之上。例如，2015 年亚里桑那州、佛罗里达州的应税工资基数最低，为 7 000 美元，夏威夷州的应税工资基数最高，为 40 900美元。在公历年度内，这些州的雇主应对每个雇员在限额内计算并支付州失业保险税。另外，大多数州还在州法律中设置了本州应税工资基数的自动调整机制。还有一些州建立了弹性税基，基于以前年份的工资按一定方法对计税工资进行自动调整，如伊利诺伊州、密苏里州、内华达州、新墨西哥州等 23 个州。州失业保险税税率（最高税率和最低税率）的高低依赖于州失业保险基金的平衡状况和州法律规定的其他因素。在大多数州，当其失业保险基金平衡度低时，税率就高，反之亦然。

美国联邦国税局和州政府税务局分别负责征收联邦失业保险税和州失业保险税。根据美国的《联邦保险税法》（Federal Unemployment Tax Act）的规定，各州征收的失业保险税要统一上缴联邦财政部设立的各州的失业保险税专户，当各州需要支付失业保险金时，由劳工部通知财政部统一拨付使用。

（五）个人所得税

美国联邦、州和一些地方政府分别对个人收入征收个人所得税。目前，美国联邦个人所得税采用 7 级超额累进税，实行综合课征模式[①]，根据纳税人及其申报方式的不同适用不同的扣除方式和标准进行费用扣除，核算应税所得税，最后根据对应的税率计算应纳税额，计算比较复杂。2015 年美国联邦个人所得税税率表如表 1-12 所示。

美国大多数州都有州个人所得税。在联邦制下，州政府有较大的税收自主权，不同州的个人所得税差异较大。其中，阿拉斯加州、佛罗里达州、内华达州、南达科他州、得克萨斯州、华盛顿州与怀俄明州 7 个州不征收个人所得税；新罕布什尔州和田纳西州 2 个州只对个人的股息和利息收入征税，税率分别为 5% 和 6%；科罗拉多州（4.63%）、伊利诺伊州（3.75%）、印第安纳州（3.3%）、马萨诸塞州（5.15%）、密歇根州（4.25%）、北卡罗来纳州（5.75%）、宾夕法尼亚州（3.07%）7 个州的个人所得税实行单一税率；其余的

① 在美国的综合课征模式下，雇员的联邦个人所得税可以在雇主支付工资时代扣税金，也可以每个季度末由纳税人自己向税务机关申报纳税。对于自雇纳税人或者支付方没有代扣税款的，纳税人必须每年向国内收入局分四次申报纳税。

34 个州和华盛顿哥伦比亚特区采用综合课税方式，实行不同的累进税率，如夏威夷州实行从 1.4%~11%的十二级累进税率，堪萨斯州则采用 2.7%和 4.6%的二级累进税率。实施累进税制及综合课征模式的州个人所得税的费用扣除方式、计征方法与联邦个人所得税类似。2015 年美国各州个人所得税税率表如表 1-13 所示。

大多数美国的城市和县地方政府都没有征收地方个人所得税，2011 年只有 17 个州中的 4 943 个地方行政单位征收了地方个人所得税，其中印第安纳州和马里兰州的所有县、俄亥俄州的 593 个自治市和 181 个学区、宾夕法尼亚州的2 469 个自治市和 469 个学区、爱荷华州和密歇根州的部分城市与学区等征收了地方个人所得税。美国地方个人所得税以多种不同形式在地方出现，如工资税（wage taxes）、所得税（income taxes）、工薪税（payroll taxes）、地方服务税（local services taxes）、职业税（occupational privilege taxes）等。一般情况下，地方个人所得税由个人负担，雇主代扣代缴；有些地方个人所得税按个人工资或薪金的一定比例征收；有些地方以个人缴纳的联邦或州个人所得税的一定比例征收；还有的地方按一定时期对个人征收定额地方个人所得税。大多数地方所得税税率为工薪收入的 1%~3%，对于非居民采用比居民更低的税率。

表 1-12　2015 年美国联邦个人所得税税率表

边际税率（%）	单身应税收入（美元）	已婚联合申报或鳏寡者应税收入（美元）	已婚分别申报应税收入（美元）	户主申报应税收入（美元）
10	0~9 225	0~18 450	0~9 225	0~13 150
15	9 226~37 450	18 451~74 900	9 226~37 450	13 151~50 200
25	37 451~90 750	74 901~151 200	37 451~75 600	50 201~129 600
28	90 751~189 300	151 201~230 450	75 601~115 225	129 601~209 850
33	189 301~411 500	230 451~411 500	115 226~205 750	209 851~411 500
35	411 501~413 200	411 501~464 850	205 751~232 425	411 501~439 000
39.6	413 201 以上	464 851 以上	232 426 以上	439 001 以上

资料来源：美国国内收入局（Internal Revenue Service，IRS）网站。

表 1-13　　2015 年美国各州个人所得税税率表

州或特区	税率级次	最低税率（%）	最高税率（%）	州	税率级次	最低税率（%）	最高税率（%）
亚拉巴马州	3	2.0	5.0	蒙大拿州	7	1.0	6.9
阿拉斯加州	无州个人所得税			内布拉斯加州	4	2.46	6.84
亚利桑那州	5	2.59	4.54	内华达州	无州个人所得税		
阿肯色州	6	0.9	6.9	新罕布什尔州	仅对股息和利息征 5%		
加利福尼亚州	9	1.0	12.3	新泽西州	6	1.4	8.97
科罗拉多州	1	单一税率 4.63		新墨西哥州	4	1.7	4.9
康涅狄格州	6	3.0	6.7	纽约州	8	4.0	8.82
特拉华州	7	0.0	6.6	北卡罗来纳州	1	单一税率 5.75	
佛罗里达州	无州个人所得税			北达科他州	5	1.22	3.22
乔治亚州	6	1.0	6.0	俄亥俄州	9	0.528	5.333
夏威夷州	12	1.4	11.00	俄克拉荷马州	7	0.5	5.25
爱达荷州	7	1.6	7.4	俄勒冈州	4	5.0	9.9
伊利诺伊州	1	单一税率 3.75		宾夕法尼亚州	1	单一税率 3.07	
印第安纳州	1	单一税率 3.3		罗得岛州	3	3.75	5.99
爱荷华州	9	0.36	8.98	南卡罗来纳州	6	0.0	7.0
堪萨斯州	2	2.7	4.6	南达科他州	无州个人所得税		
肯塔基州	6	2.0	6.0	田纳西州	仅对股息和利息征 6%		
路易斯安那州	3	2.0	6.0	得克萨斯州	无州个人所得税		
缅因州	3	0.0	7.95	犹他州	1	5.0	
马里兰州	8	2.0	5.75	佛蒙特州	5	3.55	8.95
马萨诸塞州	1	单一税率 5.15		弗吉尼亚州	4	2.0	5.75
密歇根州	1	单一税率 4.25		华盛顿州	无州个人所得税		
明尼苏达州	4	5.35	9.85	西弗吉尼亚州	5	3.0	6.5
密西西比州	3	3.0	5.0	威斯康星州	4	4.0	7.65

表1-13(续)

州或特区	税率级次	最低税率(%)	最高税率(%)	州	税率级次	最低税率(%)	最高税率(%)
密苏里州	10	1.5	6.0	怀俄明州	无州个人所得税		
华盛顿哥伦比亚特区	4	4.0	8.95				

资料来源：美国税收管理员联盟网（http：//www. taxadmin. org/）。

（六）公司所得税

美国联邦、大多数州和一些地方政府都征收公司所得税，联邦公司所得税实行15%~35%的八级超额累进税制，其税率水平在世界范围属于相对比较高的。由于在计算联邦公司所得税时，州和地方公司所得税属于可扣除费用项目，因此各州的企业所得税有效税率（effective tax rate）并不是将联邦、州和地方的公司所得税税率简单相加。但综合考虑联邦、州和地方的公司所得税税负，美国的公司所得税仍是世界最高的之一。2015 年美国联邦公司所得税税率表如表 1-14 所示。

表 1-14　　2015 年美国联邦公司所得税税率表

应税收入额（美元）	税率(%)	其他
0~50 000	15	①个人服务公司不论收入多少采用单一税率 35%；②对个人控股公司的未分配收益额外再征收 20%；③除一般的公司所得税，对积累应税收入超过 250 000美元的企业（个人服务公司为 150 000 美元），另征 20%的税（accumulated earnings tax，累积收益税）。
50 000~75 000	25	
75 000~100 000	34	
100 000~335 000	39	
335 000~10 000 000	34	
10 000 000~15 000 000	35	
15 000 000~18 333 333	38	
18 333 333 以上	35	

资料来源：美国小企业税收与管理网（http：//www. smbiz. com/）。

美国有 44 个州和华盛顿哥伦比亚特区征收州公司所得税；内华达州、南达科他州、华盛顿州、怀俄明州 4 个州不征收州所得税；得克萨斯州对公司征收营业特许税（franchise tax），也称利润税（margin tax）；俄勒冈州对一般公司征收商业活动税（commercial activity tax，CAT）、对银行征收营业特许税。州征收的公司所得税在州直接收入中占的比例比较低，2014—2015 财年，州公司所得税为 456 亿美元，占州直接财政收入的 2.75%。在征收州公司所得税的州中，阿拉斯加州、阿肯色州、夏威夷州、爱荷华州、肯塔基州、路易斯安那州、缅因州、密西西比州、内布拉斯加州、新墨西哥州、北达科他州、俄勒冈州、福蒙特州 13 个州采用二级到十级不等的累进税率制。其中，阿拉斯加州税率级次多达十级，最高边际税率为 9.4%；爱荷华州的边际税率高达 12%；内布拉斯加州和俄勒冈州的税率级次为二级。亚拉巴马州、蒙大拿州等 31 个州和华盛顿哥伦比亚特区的公司所得税采用的是单一税率制（见表 1-15）。在征收公司所得税的州，金融企业和金融机构的税制大多是一致的，有一些州对金融机构采用了比非金融企业高的税率，如加利福尼亚州、印第安纳州、夏威夷州、马萨诸塞州、北卡罗来纳州、北达科他州、马萨诸塞州、密苏里州等，而爱荷华州、堪萨斯州、缅因州、南达科他州等州的金融机构的税率又低于一般的公司所得税税率。

表 1-15　　2015 年美国各州公司所得税税率表

州或特区	税率（%）	税收级距	级次	州	税率（%）	税收级距	级次
		最低与最高（美元）				最低与最高（美元）	
亚拉巴马州	6.5	单一税率	1	蒙大拿州	6.75	单一税率	1
阿拉斯加州	0~9.4	25 000，222 000	10	内布拉斯加州	5.58~7.81	100 000	2
亚利桑那州	6.0	单一税率	1	内华达州	-	无公司所得税	
阿肯色州	1.0~6.5	3 000，100 001	6	新罕布什尔州	8.5	单一税率	1
加利福尼亚州	8.84	单一税率	1	新泽西州	9.0	单一税率	1
科罗拉多州	4.63	单一税率	1	新墨西哥州	4.8~6.9	500 000，1 000 000	3
康涅狄格州	7.5	单一税率	1	纽约州	7.1	单一税率	1
特拉华州	8.7	单一税率	1	北卡罗来纳州	5.0	单一税率	1
佛罗里达州	5.5	单一税率	1	北达科他州	1.48~4.53	25 000，50 001	3
乔治亚州	6.0	单一税率	1	俄亥俄州	-	其他税种	
夏威夷州	4.4~6.4	25 000，100 001	3	俄克拉荷马州	6.0	单一税率	1
爱达荷州	7.4	单一税率	1	俄勒冈州	6.6~7.6	1 000 000	2
伊利诺伊州	7.75	单一税率	1	宾夕法尼亚州	9.99	单一税率	1
印第安纳州	7.0	单一税率	1	罗得岛州	7.0（c）	单一税率	1

表1-15(续)

州或特区	税率（%）	税收级距	级次	州	税率（%）	税收级距	级次
		最低与最高（美元）				最低与最高（美元）	
爱荷华州	6.0~12.0	25 000，250 001	4	南卡罗来纳州	5.0	单一税率	1
堪萨斯州	4.0	单一税率	1	南达科他州	-	无公司所得税	
肯塔基州	4.0~6.0	50 000，250 001	3	田纳西州	6.5	单一税率	1
路易斯安那州	4.0~8.0	25 000，200 001	5	得克萨斯州	-	其他税种	
缅因州	3.5~8.93	25 000，250 000	4	犹他州	5.0（c）	单一税率	
马里兰州	8.25	单一税率	1	佛蒙特州	6.0~8.5	10 000，25 000	3
马萨诸塞州	8.0	单一税率	1	弗吉尼亚州	6.0	单一税率	1
密歇根州	6.0	单一税率	1	华盛顿州	-	无公司所得税	
明尼苏达州	9.8	单一税率	1	西弗吉尼亚州	6.5	单一税率	1
密西西比州	3.0~5.0	5 000，10 001	3	威斯康星州	7.9	单一税率	1
密苏里州	6.25	单一税率	1	怀俄明州	-	无公司所得税	
哥伦比亚特区	9.4	单一税率	1				

资料来源：美国税收管理员联盟网（http：//www. taxadmin. org/）。

2014 年和 2015 年，一些州实施了降低州公司所得税的税制改革。根据改革方案，伊利诺伊州将税率由原来的 9.5%降到了目前的 7.75%；亚利桑那州计划到 2018 年把州所得税税率降到 4.9%；新墨西哥州已把最高税率从 7.3%降至 6.9%，并计划到 2018 年将最高税率降至 5.9%。

四、 结论与启示

美国是世界上最发达的国家，纵观其政府间事权和支出安排、政府间财政收入结构、州和地方政府事权和支出、州和地方政府的税收等，其制度实践有很多做法和经验值得我们关注。美国的政府间财政关系、地方政府支出责任和地方税建设实践对我国的政府间财政事权及支出责任划分和地方税体系构建具有一定的启示作用。

第一，中央政府在政府间财政收支配置中处于重要地位，发挥重要作用。对美国三级政府间收支划分进行汇总后，可知，联邦政府占有比较高的比重。2014—2015 财年，联邦政府直接财政收入占总收入的 53.18%，州和地方政府占

46.82%。一方面，联邦政府的财政收入占总收入的比重略高于其财政支出占比，而财政收入相对财政支出的适当集中，使联邦政府通过转移支付来促进公共服务的相对均等化供给和特定公共政策的实施；另一方面，联邦政府在国防、养老、医疗、社会福利等方面承担着重要的事权和支出责任，联邦政府财政收支占有相对较高的比例，也是与这一事权和支出责任划分相一致的。从美国财政史看，联邦政府的财政收支占比总体是逐步上升的，而公共服务提供的规模经济特性、公共产品的外部效应、公共服务提供相关技术和条件的改进（如交通条件、信息技术）等使得联邦政府具备提供越来越多的公共服务，承担更多事权和支出责任的客观必要和现实可能。换言之，联邦政府财政收支比重的上升，是与政府事权的扩展和公共服务及其特征属性、技术和条件的进步相关的。联邦政府财政收支占有相对较高的比例，促进了公共服务的有效供给，同时还在保障联邦制下州和地方政府的自主性和独立性的基础上，促进了全国的稳定统一。

就我国而言，2014 年，在全国一般预算收入中，中央与地方一般预算收入比大约为 46∶54，中央与地方财政支出比大约为 15∶85。从支出来看，中央财政支出比重过低，一些本应由中央承担的事权和公共服务支出责任反而由地方政府负责，中央政府应有的经济社会调节和监管作用没有充分发挥。这不仅降低了公共服务提供的效率（如生产规模效应不能发挥、外溢性公共服务供给不足），也加剧了地区间基本公共服务的非均等化，阻碍了资源在地区间的自由流动和全国统一市场的建立。与我国的中央财政支出相比，我国的中央财政收入相对较高，但相较于美国，并不高。从事权和支出责任调整、全国性公共服务回归中央政府、中央政府的责任归位，以及加强中央的宏观调控和协调发展能力来看，在现有的中央与地方财力分配格局基础上，中央财政收入、税收收入占比还可以适度上升。

第二，中央政府负责重要的全国性公共服务，地方政府负责地方性公共服务。公共服务按受益范围分为全国性公共服务、跨区域公共服务和地方性公共服务。根据公共服务的受益范围、公共服务生产效率原则和基本公共服务均等化的公平供给要求，在政府间进行公共服务事权划分是政府间事权划分的重要思路。遵循这样的思路，联邦政府承担着较大的事权和支出责任，在国防、养老、医疗、社会福利、公共管理事务、公共安全、交通运输、农林牧渔、生态保护、社区发展、基础研究、经济事务等方面发生大量的支出。州政府的主要事权和支出责任主要有医疗卫生、高等教育、养老、公共福利事业、高速公路、公共安全、州公共行政事务等。地方政府主要承担受益范围和需求具有地方性的公共服务，如基础教育、消防、治安、道路和公交、医疗、家庭和小孩服务、废物管理、娱乐和体育、供水等。

在我国，政府间事权和支出责任划分不够合理。比如：社会保险作为重要的全国性公共服务，主要由省以下政府承担；地方政府还承担部分的国防事务和支出；高等教育具有很强的全国性公共服务特征，但中央政府承担责任明显不够。省以下政府事权关系不明确，事权和支出总体层层下移，中央和省级政府事权和支出责任不够，事权和支出责任的错配和不规范，造成公共服务供给不足和供给过度并存、财政支出效率低、地区间公共服务差异大。政府的公共责任没能有效履行，也降低了社会福利水平和社会满意度。因此，应基于公共服务的特征属性、信息和技术约束、激励相容、基本公共服务均等化等原则，并借鉴包括美国在内的国外经验，规范和明确政府间事权和支出责任，将国防、基本社会保险、全国性公共设施等全国性公共服务确定为中央事权和支出责任。此外，中央政府承担更多的高等教育支出责任。特殊教育、职业教育和普通中等教育、省域公共基础设施、医疗卫生等事权和支出责任更多地由省级政府承担，市县政府则更多地承担初等教育、幼儿教育、市政建设、警察、社会救助、消防等地方性公共服务。

第三，建立了包括地方税、共享税的地方税收收入体系。美国联邦政府税收以个人所得税、公司所得税和社会保障税为主，以少量从价税（如消费税、运输税）等为辅；州政府税收以销售税、个人所得税、社会保障税为主，以少量的公司所得税、消费税、运输税等为辅；地方政府以财产税为主，以销售税、社会保障税和个人所得税等为辅。与联邦、州和地方三级架构的联邦制相适应，美国建立了分级立法、划分税种、税源共享的税收分权模式。

我国是地区发展不均衡的单一制国家，政府层级多、税种相对有限、地区间税源税基分布很不均衡，与此相适应，立法集中、税种划分和税收共享是相对可行的税收分权模式。立法权主要集中于中央，地方则具有一定范围内的税收调整自主权。划分税种使中央和地方有各自的专属税种（中央税、地方税）。同时，收入分成的共享税仍应为不同层级政府税收收入的主要来源。在合理确定地方税收在地方政府收入中的地位的情况下，基于税种属性、税收划分的激励效应、税收能力、税收征管及改革变动的税制等，以法治的方式科学合理地进行税收分权，并设置地方税、共享税及其分成方式。考虑将增值税划为中央税并适当降低税率；改消费税为消费环节征收并扩大征收范围，将其划为地方税；构建包括“消费税+房地产税”两大地方主体税种、“企业所得税+个人所得税”两大共享税收入，以及其他多个小税种在内的地方税收体系。

第四，重视转移支付和地方债等地方收入源建设。在美国州和地方政府的收入中，税收收入是主体。除税收外，收费、商业及其他收入、债务和转移支付收入等也是地方的重要收入来源。在地方政府收入中，税收收入占比高，是地方政府财力稳定、收入规范的体现，但是地方税收入不是地方政府收入的全部，转移支付、债务收入、收费等其他收入都是地方政府事权和支出责任实现的重要收入来源。在现行财政体制下，我国地方政府收入也是多样化的，主要包括税收、转移支付、非税收入、基金收入和债务收入等。在一个以经济社会政治的统一、社会公平稳定为价值追求，地区经济社会发展不平衡的国家，地方事权和支出责任不可能完全依靠地方税收收入支撑。应保障中央在税收分配中占据优势，以发挥中央对经济社会的调节和管理作用，同时，建立科学规范的转移支付制度、地方政府债制度，形成包括税收、转移支付、地方债等的稳定、可持续的地方政府收入结构。就转移支付而言，提高一般性转移支付比例、降低专项转移支付比例是当前转移支付制度研究和改革的主流思想，但需要注意的是，决定转移支付的规模以及一般性转移支付与专项转移支付结构的应该是基于中央与地方事权和支出责任的总体划分、各项具体事权及支出责任的划分、财力和税收的分配等。转移支付的规模、结构和方式都应与此相适而审慎设计。

第二章　日本地方政府的支出责任与地方税收：实践与启示

本章提要：日本在其地方政府支出责任和地方税建设上积累了丰富的经验。本章比较系统地梳理了日本政府的事权与支出责任、财政收支结构与地方税体系。日本经验对我国政府间财政关系改革的启示在于：以法律规范政府间财政关系，合理确定中央与地方政府间的财政收支比例和公共服务供给责任，构建以税收收入为主、转移支付与地方债为辅的地方政府收入结构；税收立法权相对集中；按税种特点合理设置地方税。

一、日本政府的事权与支出责任

（一）中央与地方政府的事权划分

自1949年“夏普劝告”提出以来，日本先后出台了很多有关推动地方分权改革的方案，如《地方分权推进法》（1995）、《地方分权一览法》（1999）、《地方分权改革推进法》（2006）等，以法律形式推进分权改革。

日本事权划分的基本原则和基本理念是，明确中央与地方政府的不同作用，提高地方政府的自主性和自立性，力求建设充满个性与活力的地区社会。地方分权改革的基本目标是构建分权型社会。地方分权改革应当实现两种转变：一是中央与地方的关系由过去的“上下、主从”转变为“对等、协作”，二是行政体系由过去中央主导的单一形式向由居民主导的综合行政体系转变。以此为宗旨，中央政府在对地方政府进行干预时，应当尽可能尊重地方政府的自主性，并且这种干预应当是必要性的。中央政府对地方政府的干预主要通过立法机关、司法机关、行政机关进行。

日本在进行事权划分时，主要遵循一个基本原则：与人民日常生活相关的事务尽可能由地方自治团体负责，地方自治团体不能承担的再由中央政府承担。日本中央政府主要负责全国性事务，主要包括外交、国防、司法、刑罚、国家运输、通信、邮政、国立教育、国立医院、气象等。与人民生活密切相关的事务主要由地方自治团体与中央政府共同承担，而具体实施主要由地方自治团体负责。

日本的《地方自治法》对地方自治团体之间的事权划分进行了规范：一方面，都道府县政府主要负责处理跨区域的事务，与市町村有关的协调事务以及超过市町村处理范围的事务；另一方面，市町村政府一般处理都道府县管辖范围外的事务。事实上，各级政府事权的划分并非简单基于各个事务领域，而是将同一事务领域在各层级政府间进行划分，发挥各层级政府的职能作用。按日本《地方自治法》的规定，地方政府的行政事务分为“法定委托事务”和“自治事务”。所谓“法定委托事务”，是指法律或政令规定由地方政府履行的本应属于中央政府或都道府县政府职能范围内的事务，具体包括护照的签发、国道的管理、国家指定统计事务等。“自治事务”指的是除“法定委托事务”以外的地方政府的行政事务。

在市场经济条件下，政府事权主要有外交、国防、安全、土地利用、交通、基础设施建设、经济活动、福利、环境、教育与体育文化等。这些事权在各级政府之间的划分体现在各级政府之间的分工上，不仅关系到社会公平问题，也关系到行政效率问题。根据日本经验，在政府职能的划分上，资源配置以基层政府为主，收入分配以上级政府为主，稳定经济以中央政府为主。①国家安全与社会治安。国家安全属于中央政府的事务，而社会治安主要属于地方自治团体。②土地利用。以日本的河流的管理为例，日本政府根据日本河流对国民经济不同的作用与地位对其进行划分。不同层级的河流由不同层级的政府进行管理。一级河流由中央政府负责管理，二级河流由都道府县首长进行管理，准用河流由市町村政府按规定进行管理。城市下水道的维修管理由市町村政府负责，而河流下水道的设置和维护由都道府县政府负责。③基础设施建设。以日本的道路为例，不同层级的政府根据道路的归属对其进行管理。国道主要由中央政府负责，都道府县知事配合补充；都道府县的道路由都道府县政府负责；市町村的道路由市町村政府负责。城市规划属于都道府县政府的职能，而实施工作原则上由市町村政府负责。④经济活动。中央政府为发展国民经济、稳定经济而进行计划、指导并提供资金，具体实施主要由地方自治团体负责。⑤社会福利。中央政府负责整个社会福利的计划与指导以及标准的制定工作，同时也承担部分社会福利事务。其余主要由都道府县与市町村设立的福利机构负责。⑥医疗卫生。中央政府主要负责相关的国家考试、执照发放、医药特殊事务许可，并对全国医疗卫生工作进行全面计划与指导。与国民生活直接相关的卫生行政和公共卫生相关事务的具体实施主要由地方自治团体负责。都道府县政府和市町村政府在公共卫生事务上分工比较明确：都道府县政府负责卫生防疫工作；市町村政府主要负责公共环境卫生。就公共医疗机构而言，中央和地方都创办有医院，地方政府设立的医院要多于中央政府。⑦教育。义务教育由各级政府分工负责。学校设置、综合管理等由市町村政府负责，教职工任命与工资等由都道府县政府负责，而中央政府通过转移支付承担 50%的教职工工资经费。中央政府对高中教育不具有直接管理权。在高中学校中，由都道府县政府设置的学校占多数。公立学校由教育委员会负责管理，而都道府县政府对私立学校具有监管权。日本的大学教育有国立大学、地方公立大学和私立大学。中央政府具有大学设立的批准权和对私立大学的监管权，但不能干涉教育内容等学校管理事务。残疾人教育主要由都道府县政府负责管理。日本中央、都道府县和市町村三级政府之间的事权划分情况如表 2-1 所示。

表 2-1　　日本各级政府间的事权划分情况

政府层级	公共基础设施	教育	福利、卫生	其他
中央	*高速公路 *国道（指定区间） *一级河川	*大学 *支援私立大学	*社会保险 *医师等执照 *医药品等许可执照	*防卫 *外交 *货币
都道府县	*国道（其他） *都、道、府、县道 *一级河川（指定区间） *二级河川 *港湾 *公营住宅 *决定市中心街区，调整区域	*高中、特殊教育学校 *小学、初中教师的工资、人事 *私立学校（幼儿园—高中） *公立大学（特定的县）	*生活保障（町村区域） *儿童福利 *保健所	*警察 *消防（特别区由都管理） *护照

表2-1(续)

政府层级	公共基础设施	教育	福利、卫生	其他
市町村	＊城市规划等 ＊市、町、村道 ＊准用河川 ＊港湾 ＊公营住宅 ＊下水道	＊小学、初中 ＊幼儿园、保育园	＊生活保障(市的区域) ＊儿童福利 ＊国民健康保险 ＊护理保险 ＊上水道 ＊垃圾、粪尿处理 ＊保健所（特定市）	＊消防 ＊户籍 ＊居民基本台账 ＊外国人登记

资料来源：日本财政部网站（http：//tfs. mof. gov. cn/）的《日本财税及相关经济制度研修报告（四）》。

（二）中央与地方政府的财政支出

与事权相对应的是各级政府的支出，表2-2给出的是1990—2015年日本中央政府和地方政府财政支出的基本情况。日本中央总支出中有约三分之一的支出是通过地方交付税交付金、地方特别交付金、国库支出金、国有资产所在市町村交付金等形式的对地方政府的转移支付。扣除中央政府对地方政府的转移支付后的支出为中央纯支出。另外，地方政府对中央政府也有少量的上交，扣除地方政府对中央上交支出后的支出为地方政府纯支出。由表2-2可见，日本中央财政支出比重持续上升，而地方政府财政支出不断下降。中央财政支出占财政总支出的比重从1990年的34.7%，上升到2015年的44.09%，中央财政支出占比提高了约10个百分点；相反，地方财政支出占财政总支出的比重由1990年的65.26%，下降到2015年的55.91%。从中央、都道府县和市町村三级政府财政支出结构来看，中央财政支出占财政总支出的比重提高、地方财政支出占财政总支出的比重下降。地方财政支出所占比重降低主要在于都道府县级政府支出降低（如表2-3所示）。

表 2-2　　1990—2015 年日本政府财政支出的情况

年份	中央支出（十亿日元）	中央对地方转移支付（十亿日元）	中央纯支出（十亿日元）	地方总支出（十亿日元）	地方对中央支付（十亿日元）	地方纯支出（十亿日元）	全国纯支出（十亿日元）	中央纯支出占财政总支出的比重（%）	地方纯支出占财政总支出的比重（%）
1990	69 269	27 548	41 721	78 473	87	78 386	120 107	34. 74	65. 26
1995	75 939	27 391	48 548	98 945	94	98 851	147 398	32. 94	67. 06
2000	89 321	29 770	59 551	97 616	50	97 566	157 118	37. 90	62. 10
2005	85 520	29 088	56 432	90 697	32	90 665	147 096	38. 36	61. 64
2010	95 312	32 097	63 215	94 775	149	94 626	157 841	40. 05	59. 95
2012	97 087	32 845	64 242	96 419	153	96 266	160 508	40. 02	59. 98
2013	100 189	33 176	67 013	97 412	116	97 296	164 308	40. 78	59. 22
2014	95 882	29 752	66 130	83 361	591	82 770	148 901	44. 41	55. 59
2015	96 342	29 555	66 787	85 271	572	84 699	151 486	44. 09	55. 91

资料来源：根据日本总务省统计局网站（http：//www. stat. go. jp/data/nihon/05. htm）的数据整理。

表 2-3　　日本各级政府财政支出占总支出的比重

年份	中央政府（%）	都道府县政府（%）	市町村政府（%）
2005	38. 36	28. 28	33. 35
2010	40. 05	26. 93	33. 02
2012	40. 02	26. 22	33. 75
2013	40. 78	25. 83	33. 39

资料来源：根据日本总务省统计局网站（http：//www. stat. go. jp/data/nihon/05. htm）的数据整理。

近些年，日本开始推动分权化改革。从表面上看，中央与地方财政支出相对比例的变化趋势与分权改革相悖。其中的主要原因在于，日本近年的分权改革主要措施是一方面重新划分税权，增加地方自有财力和地方自主性；另一方面减少中央对地方的事权干预，减少地方受托事务，中央政府承担更多的事权。日本的分权改革增强了地方政府的财力和自主性，但总体上并没有增加事权，与此同时，中央的事权和支出责任却在增加。日本中央财政支出比重上升主要在于日本中央政府的社会保险补贴支出和长期执行经济刺激政策带来的国债支出的增加。2013 年，日本中央财政支出结构图如图 2-1 所示。

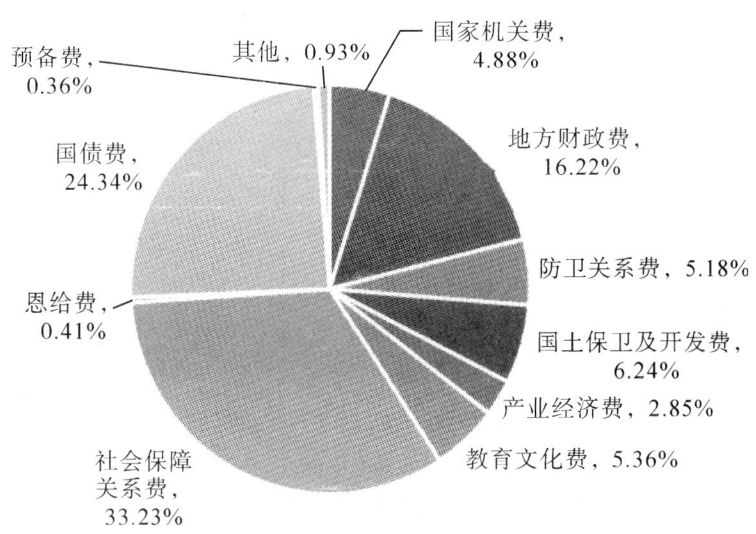

图 2-1　2015 年日本中央财政支出结构

资料来源：根据日本总务省统计局网站（http：//www. stat. go. jp/data/nihon/05. htm）的数据整理。

（三）地方政府的支出责任

日本都道府县和市町村政府的财政支出包括 12 类：议会费、总务费、民生费、卫生费、农林水产费、商工费、土木费、消防费、警察费、教育费和公债费等。其中，议会费为地方权力机关的运行支出；总务费是地方一般管理服务支出；民生费为福利支出，包括社会福利、老人福利、小孩福利、生活保障、灾害救助等支出；卫生费包括公共卫生、保健机构、环境清扫等支出；农林水产费为地方对农、林、牧、渔等产业的支出；商工费是地方在商业和制造业上的支出；土木费为地方政府用在道路、桥梁、河川海岸、港湾、下水道、公园、街道、市政设施、住宅、空港等方面的支出；教育费是地方政府用在小学、初中、高中、大学、社会教育、教育管理、学校保健、体育设施等方面的支出。

除公债支出和公共管理支出外，都道府县政府的财政支出主要用于教育、社会福利、基础设施和市政项目、警察、工商和农业事业。2013 年，日本都道府县财政支出中教育费占 22. 7%，民生费占 16. 11%，商工费占 8. 76%，土木费占 12. 09%，农林水产费占 5. 6%，警察费占 6. 63%，卫生费占 3. 72%，具体如图 2-2所示。

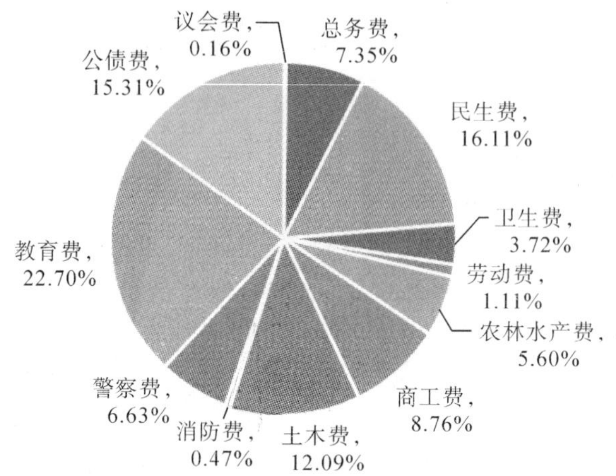

图 2-2　2013 年日本都道府县财政支出结构

资料来源：根据日本总务省统计局网站（http：//www. stat. go. jp/data/nihon/05. htm）的数据整理。

除公债支出和公共管理支出外，市町村政府的财政支出主要用于社会福利、基础设施和市政项目、教育、卫生、工商和农业事业、消费等。2013 年，在日本市町村财政支出中，民生费占 34. 66%、土木费占 12. 3%、教育费占 10. 27%，卫生费占 8. 15%，农林水产费和商工费共占 5. 86%，消防费占 3. 42%，具体如图 2-3 所示。

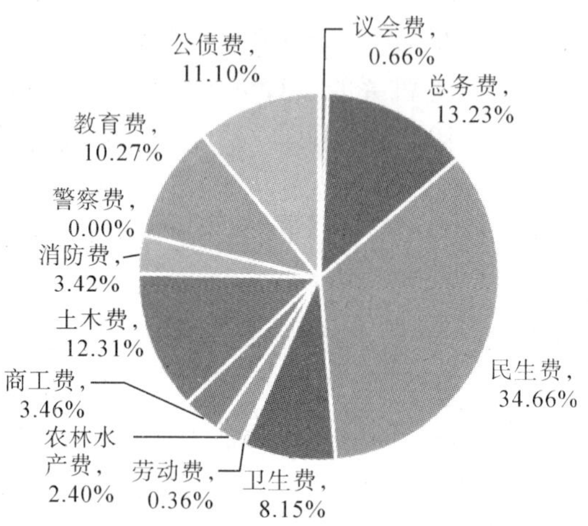

图 2-3　日本市町村财政支出结构

资料来源：根据日本总务省统计局网站（http：//www. stat. go. jp/data/nihon/05. htm）的数据整理。

二、 日本的地方税收

（一）政府间收入与地方收入结构

在中央、都道府县和市町村三级政府中，中央政府的一般会计收入约占总收入的一半，都道府县政府和市町村政府的收入合计占总收入的近一半。2013 年，中央和地方政府的一般会计收入分别占总收入的 60.96%和 39.04%（见表 2-4）。对照日本中央与地方政府的支出来看，2013 年日本中央、都道府县和市町村三级政府财政支出（一般会计支出）占总支出的比重分别为 40.78%、25.83%和 33.39%，中央的财政收入比重高于其财政支出占比，中央政府在履行其本级事权和公共服务提供责任的同时，对下级政府进行转移支付，以实现中央的宏观经济社会调控、公共服务均等化及其他特定政策目标。日本这一政府间财政收入分配结构是与其单一制国家结构相适应的，同时这也是世界大国财政治理的一般做法。

表 2-4　　日本各级政府财政收入规模和所占比重

年份	一般会计收入规模（十亿日元）				一般会计收入所占比重（%）	
	中央政府	地方纯收入	都道府县政府	市町村政府	中央政府	地方政府
2005	89 000	92 936	48 695	50 479	58.23	41.77
2010	100 535	97 512	50 066	53 854	60.58	39.42
2011	109 980	100 070	52 146	54 776	62.90	37.10
2012	107 762	99 843	50 937	56 145	61.66	38.34
2013	106 045	101 100	51 573	57 029	60.96	39.04

注：①地方纯收入、都道府县及市町村收入包括了中央对地方的转移支付。②地方纯收入去除了都道府县和市町村交叉部分后的都道府县与市町村收入合计。在地方收入比重计算时，地方收入去除了中央对地方的转移支付。

资料来源：根据日本总务省统计局网站的《日本统计年鉴 2016》的数据整理。

与世界其他国家地方财政收入结构类似，日本地方政府的财政收入的来源形式多样，主要包括税收收入、转移支付收入、收费和债务收入等收入类别。在地方政府收入中，地方税收入约占三分之一，如 2013 年，都道府县和市町村地方政府的地方税收入分别占其总收入的 32.59%和 32.55%。就地方整体而言，地方税收入占地方总收入的 34.99%（如表 2-5 所示）。

2013 年，包括地方交付税、国库支出金、地方让与税在内的转移支付收入约占地方总收入的 36%。其中，都道府县转移支付收入占其总收入的 35%以上，市町村转移支付收入占其总收入的 37%以上。在都道府县，地方债收入占政府总收入的 13.15%；在市町村，地方债收入占政府总收入的 9.69%；整体而言，地方债收入占地方总收入的 12.15%。

由于日本财政收入在中央和地方的分配比例为 60∶40，财政支出在中央与地方之间的分配比例为 40∶60，为解决中央与地方之间收入和支出的不匹配，日本中央政府对地方政府有大量的转移支付，以弥补地方收支缺口，平衡地区间财力。日本中央政府对地方的转移支付最主要是地方交付税（local allocation tax）和国库支出金（treasury disbursements）。此外，日本的转移支付项目还有地方让与税（local transferred tax）、地方特例交付金（specail grants to local governments）、都道府县支出金（prefectural disbursements）等。

表 2-5　　　　2013 年日本地方政府财政收入结构

收入项目	地方整体		都道府县政府		市町村政府	
	规模（十亿日元）	占比（%）	规模（十亿日元）	占比（%）	规模（十亿日元）	占比（%）
地方税	35 374	34.99	16 809	32.59	18 565	32.55
地方让与税	2 559	2.53	2 137	4.14	422	0.74
地方特例交付金	126	0.12	50	0.10	75	0.13
地方交付税	17 595	17.40	8 849	17.16	8 747	15.34
分担金及负担金	609	0.60	284	0.55	677	1.19
使用料	1 442	1.43	435	0.84	1 007	1.77
国库支出金	16 412	16.23	7 342	14.24	9 070	15.90
都道府县支出金	–	–	–	–	3 515	6.16

表2-5(续)

收入项目	地方整体		都道府县政府		市町村政府	
	规模（十亿日元）	占比（%）	规模（十亿日元）	占比（%）	规模（十亿日元）	占比（%）
财产收入	615	0.61	242	0.47	373	0.65
寄附金	116	0.11	46	0.09	69	0.12
缲入金	3 531	3.49	1 976	3.83	1 556	2.73
缲越金	3 190	3.16	1 434	2.78	1 756	3.08
地方债	12 285	12.15	6 781	13.15	5 526	9.69
总计	101 100	100	51 573	100	57 029	100

注：部分收入项目未列入，比例合计非 100%。

资料来源：根据日本总务省统计局网站的《日本の統計 2016》的数据整理。

（二）地方税收与税收分权

1. 地方税收规模

在日本，中央和地方政府都有大量的税种，但收入规模大、稳定的税种如所得税、法人税、消费税等都为中央税，因此，就税收收入来看，地方与中央政府的税收收入比基本上是“四六开”。表 2-6 为 2000—2013 年日本中央与地方政府的税收收入情况表。由表 2-6 可知，2013 年，地方税收收入占税收总收入的 41.67%，中央税收收入占税收总收入的 58.33%，而在 2000 年，地方税收收入和中央税收收入占比分别为 40.27%和 59.73%。在十多年内，地方和中央的总体税收分配格局基本稳定。

就地方来看，2000 年，都道府县政府的税收收入占税收总收入 17.66 %，市町村政府的税收收入占税收总收入 22.61%；2013 年，都道府县和市町村政府的税收收入占税收总收入的比重分别为 17.4%和 24.27%。在地方税的分配中，市町村政府的税收收入相对较高，都道府县政府的税收收入占比低于市町村政府的税收收入的占比。这主要是由于市町村政府作为基础行政单位，承担着与居民关系密切的一般事务和公共服务供给职责，相对于都道府县政府，其公共支出责任更大。

表 2-6　　2000—2013 年日本中央与地方政府的税收收入情况

年份	中央税收		地方税收		都道府县税收		市町村税收	
	金额（十亿日元）	占税收总收入的比重（%）	金额（十亿日元）	占税收总收入的比重（%）	金额（十亿日元）	占税收总收入的比重（%）	金额（十亿日元）	占税收总收入的比重（%）
2000	52 721	59. 73	35 546	40. 27	15 585	17. 66	19 961	22. 61
2005	52 291	60. 04	34 804	39. 96	15 227	17. 48	19 577	22. 48
2010	43 707	56. 02	34 316	43. 98	14 026	17. 98	20 290	26. 01
2011	45 175	56. 93	34 171	43. 07	13 794	17. 38	20 377	25. 68
2012	47 049	57. 72	34 461	42. 28	14 146	17. 35	20 315	24. 92
2013	49 516	58. 33	35 374	41. 67	14 774	17. 40	20 600	24. 27

资料来源：根据《日本统计年鉴 2016》和日本的《地方财政统计年报》的数据整理。

2. 地方税种及结构

依据日本的《财政法》《地方财政法》等法律的规定，日本实行的是中央地方兼顾型税制。租税分为国税和地方税，由中央、地方政府分级课征。国税即中央税，地方税包括都道府县税及市町村税（见表 2-7）。国税由财务省负责管理，地方税由总务省负责。税收立法权集中于国会，所有税法都须经国会批准。主要税种的管辖权在中央政府，地方政府有对部分地方税的解释或减免权。日本地方税法主要包括两个层次：①《地方税法》。该法是规范地方税的统一法律，对各地方的税种做了统一规定。②地方政府根据《地方税法》的规定，并结合本地情况制定的有关地方税条例。这些条例对课税客体、税率等进行了具体规定。

都道府县税主要包括道府县民税（prefectural inhabitant tax）、事业税（business tax）、地方消费税（local consumption tax）、机动车税（motor vehicle tax）、轻油交易税（gas oil delivery tax）、不动产取得税（real estate acquisition tax）、机动车取得税（automobile acquisition tax）、高尔夫场地利用税、道府县烟草税、固定资产税（fixed assets tax）、狩猎税等。日本都道府县政府的主要税收来自道府县民税、事业税、地方消费税、机动车税和轻油交易税。由表 2-8 可知，2013 年，五项税收占都道府县税收收入的 94. 53%，其中，道府县民税占 40. 23%、事业税占 19. 33%、地方消费税占 17. 93%、机动车税占 10. 66%、轻油交易税占 6. 38%。由此可见，在日本的税收分权结构中，所得税（含个人和公司）、消费税（含一般消费税和特别消费税）和财产税（如机动车税）等为都道府县政府的主体税种。

市町村税主要包括市町村民税（city, town and village inhabitant tax）、固定资产税（fixed assets tax）、市町村烟草税（municipal tobacco tax）、都市规划税（city planning tax）、事业所税（establishment tax）、轻机动车税（light motor vehicle tax）、入汤税（bathing tax）、矿产税、法外目的税、法外普通税等。日本市町村的税收主要来自市町村民税、固定资产税、都市规划税、市町村烟草税、事业所税等。由表2-9可知，2013年，五项税收占市町村税收收入的98.93%，其中，市町村民税占44.52%、固定资产税占42%、都市规划税占5.95%、市町村烟草税占4.77%、事业所税占1.69%。由此可知，在日本的税收分权结构中，所得税（含个人和公司）和财产税（固定资产税、都市规划税、事业所税等）等是市町村政府的主体税种。

中央政府的税收来源包括直接税和间接税。直接税收入主要有所得税（income tax）、法人税（corporation tax）、遗产税（inheritance tax）、地价税（tax on residential land）、地方法人特别税（special tax on local）、复兴特别所得税（special income tax for recovery）、复兴特别法人税（special corporation tax for recovery）。间接税收入主要有消费税（consumption tax）[①]、酒税（liquor tax）、汽油税（gasoline tax）、关税（customs duties）、印花税（stamp duties）、烟草税（tobacco tax）、石油煤炭税、汽车重量税、特别烟草税、地方道路税（地方汽油税）、电力开发促进税、航空燃料税、石油气税、吨税等。在日本，中央政府以所得税（含个人和公司）、一般消费税和特别消费税（汽油税、酒税、烟草税等）、关税、印花税等税种为主要收入来源。

表2-7 日本中央与地方的主要税种

税种	中央税（国税）	都道府县税	市町村税
所得税	所得税、法人税、地方法人特别税、复兴特别所得税、复兴特别法人税	道府县民税、事业税	市町村民税

① 日本消费税是对商品和劳务的增值额课征的一种税，属于多阶段增值型课税。从税制设计看，它属于增值税。

表2-7(续)

税种	中央税（国税）	都道府县税	市町村税
商品税	消费税、酒税、汽油税、关税、烟草税、石油煤炭税、地方道路税（地方汽油税）、航空燃料税、石油气税、特别烟草税、电力开发促进税	地方消费税、高尔夫场地利用税、轻油交易税、道府县烟草税	市町村烟草税
财产税		机动车税、固定资产税（特例）	固定资产税、都市规划税、事业所税、轻机动车税
遗赠税	遗产税		
其他税	汽车重量税、印花税、吨税	机动车取得税、不动产取得税、狩猎税	入汤税、矿产税、法外目的税、法外普通税

资料来源：日本总务省统计局网站（http://www.stat.go.jp/data/nihon/05.htm）。

表 2-8　　2013 年日本都道府县税的收入结构

税种	各税种的收入（十亿日元）	占都道府县总税收收入的比重（%）
道府县民税	5 943	40.23
事业税	2 855	19.33
地方消费税	2 650	17.93
机动车税	1 574	10.66
轻油交易税	943	6.38
不动产取得税	357	2.42
道府县烟草税	173	1.17
高尔夫球场利用税	49	0.33
机动车取得税	193	1.31
矿区税	0.3	0.00
固定资产税（特例）	1.7	0.01
法外普通税	24	0.16

表2-8(续)

税种	各税种的收入（十亿日元）	占都道府县总税收收入的比重（%）
狩猎税	1.6	0.01
法外目的税	8.1	0.05
总计	14 772.7	100

资料来源：日本总务省的《地方财政统计年报》。

表 2-9　　2013 年日本市町村税的收入结构

税种	各税种的收入（十亿日元）	占市町村总税收收入的比重（%）
市町村民税	9 172	44.52
固定资产税	8 653	42.00
都市规划税	1 227	5.95
市町村烟草税	983	4.77
事业所税	348	1.69
轻机动车税	189	0.92
矿产税	1.9	0.01
特别土地保有税	1.1	0.01
法定外普通税	1.9	0.01
入汤税	22	0.11
水利地益税	0.0	0.00
法定外目的税	1.3	0.01
总计	20 600	100

资料来源：日本总务省的《地方财政统计年报》。

（三）地方主要税种

1. 道府县民税和市町村民税

道府县民税和市町村民税一般被称之为居民税（inhabitants' tax）。根据纳税人不同，又分为对个人居民税和对法人居民税。对有住所及生活在当地的人，按收入课征比例税，并征收人头定额税；对在当地只有办公场所或房子的人，只按人头征收定额税。都道府县和市町村对法人征收的居民税，从总体来讲，对在辖区内从事营利活动且有商业住所的公司和非政府组织按照其向中央缴纳的法人税的一定比例缴纳居民税；对公益性组织、非政府组织、非营利组织、一般社会团体等，根据其资本规模征收定额税。此外，道府县民税和市町村民税还包括对辖区内个人（或公司）的利息、红利和股票资本收益征收的税收。

2. 事业税

事业税属于都道府县税，包括对个人和公司法人的营业所得的课税。个人事业税是对个人所有的商业组织的所得征税，以应税所得额为税基，对法律规定的不同行业采用不同的税率。法人事业税的纳税人为在都、道、府、县内设有营业场所从事营业活动的法人，一般都是以法人的所得为课税对象。

3. 地方消费税

地方消费税属于都道府县税。个人或公司在国内销售（或者进口）商品和服务时，要同时缴纳中央消费税和地方消费税。地方消费税按照纳税人缴纳的中央消费税的一定比例计征。对于国内交易，中央消费税的计税方式分为一般计税方式和简易计税方式两种。一般计税方式按销项税减去可以抵扣的进项税的差额征税，简易计税方式以应税销售收入与税率的乘积计税。进口环节的中央消费税是以关税完税价格与关税之和乘以税率计征的。日本中央和地方消费税是一般消费税，名称为“消费税”，但从征税对象和计征方式看属于增值税。

4. 固定资产税

固定资产税属于市町村税，对土地、房屋及其他折旧资产课税。主要的折旧固定资产包括构筑物（如变电站、马路、花园，室外的门、墙、篱笆和绿化设施，宣传牌等）、机器和设备、船舶、飞机、汽车及其他机动车、工具、家电和器械装置等。固定资产税对折旧固定资产按评估价值的1.4%征税，低于免征额的不征税。对土地和房屋征税的税基是征税对象在应税土地清册上注明的评估价值，税率根据房地产的地理位置确定，幅度从1.4%~2.1%，并根据住房供给政策，对房屋提供税收减免。

5. 城市规划税

城市规划税是市町村为城市维护和发展提供资金的特定目的税与财产税。与固定资产税类似，城市规划税对土地和房屋的所有者课税，原则上在城市规划区域内以城区土地、房屋的评估值为征税标准，税率由各市町村自定，但最高不得超过0.3%。

6. 机动车税

机动车税是都道府县政府所有的一种财产税，它对机动车（如汽车，不含两轮摩托车）所有者征收。通过征收机动车税，使用道路的机动车所有者分担了道路维护成本，体现了使用者负税的原则。机动车税可区分为汽车类型（如乘用车、客货运车、卡车）和使用者类型（个人、商业）等，并根据发动机容量和载重，按年分别适用不同的定额税。

三、 结论与启示

纵观日本的政府间事权和支出安排，政府间财政收入结构，都道府县和市町村地方政府的事权和支出，地方政府的税收和主要税种等，其制度实践有很多做法和经验值得我们关注。中国和日本两国文化习惯相近，也都是政治上相对集中的单一制国家，日本的实践对我国的政府间财政关系改革和地方税体系构建有一定的启示作用。

第一，以法律规范政府间财政关系。政府间财政关系的法治化是日本财政体制的基本特征，也是日本财政制度稳定和中央与地方财政关系良性互动的保障。除宪法外，日本制定了《财政法》《会计法》《国有资产法》等财政基本法，在财政基本法的基础上颁布了《地方自治法》《地方财政法》《地方税法》《地方交付税法》等一系列的法律，对政府间事权和支出责任、税收划分和转移支付等政府间财政关系事项做出了比较明确的规定，通过权力机关立法稳定和规范了政府间财政关系。除宪法外，在我国，缺乏对政府间财政关系基本原则、框架和制度进行基本规范的财政宪法性法律，对政府间事权划分的相关规定散见于各种法律法规及政府文件中，规范性、确定性和一致性低；对政府间财权及税权所划分的立法层级低，省以下财税收入划分的稳定性和规范性不够。为此，我国应加强政府间财政关系的立法进程，结合实际制定基本法和具体法，积极稳妥、有所作为，以立法推进改革，以立法保障改革成果。

第二，地方财政收入少于中央财政收入，地方财政支出大于中央财政支出。

中央与地方财政收支比反映了一国支出责任和财力在中央和地方间配置的整体格局。在日本，财政支出在中央与地方之间的比例大约是40∶60，财政收入在中央与地方间的分配结构大为是60∶40，税收收入在中央和地方间的分配比例大约也是60∶40。大多数公共服务受益范围的有限性（区域性）、地方政府的信息优势、地方政府的可问责性和回应性使得地方政府（非中央政府）提供公共服务更为有效。与公共服务的提供对应，地方政府在整体财政支出中应占大头。此外，由于地区间经济发展的非均衡性以及税收征收管理的局限，地区间的税收及财力差距明显，因而中央政府应在财税收入分配中占更大的比重，以保证中央政府的宏观调控能力，实现全国基本公共服务大致均等和全国市场统一，促进经济社会的稳定发展。

反观我国，2014年，全国一般预算财政支出为151 785.56亿元。其中，中央支出为22 570.07亿元，地方支出为129 215.49亿元，中央与地方财政支出比大约为15∶85。2014年，全国一般预算收入为140 370.03亿元。其中，中央收入为64 493.45亿元，地方收入为75 876.58亿元，中央与地方一般预算收入比大约为46∶54。2014年，全国税收收入为119 175.31亿元，中央和地方税收收入分别为60 035.4亿元和59 139.91亿元，中央与地方税收收入比大致为50∶50。从支出来看，中央财政支出比重过低，一些本属于中央的事权和公共服务支出责任反而由地方政府承担，不仅降低了公共服务提供的效率（如生产的规模效应不能发挥、外部性导致供给不足），也加剧了地区间基本公共服务非均等化、阻碍了资源在地区间的自由流动和全国统一市场的建立，没有充分发挥中央政府应有的宏观调控和协调的作用。从财政和税收收入看，中央税收收入占比为50%，中央财政收入占比为46%，中央收入的比重并不高。从事权和支出责任调整、全国性公共服务回归中央、中央政府的政府责任归位，以及加强中央的宏观调控和协调发展能力来看，在现有的中央与地方财力分配格局基础上，中央财政收入、税收收入占比还可以适度上升。

第三，中央政府承担重要的全国性公共服务，地方政府负责地方性公共服务。公共服务按受益范围分为全国性公共服务、跨区域公共服务和地方性公共服务。根据公共服务的受益范围、公共服务生产效率原则和基本公共服务均等化的公平供给要求，在政府间进行公共服务事权划分是政府间事权划分的重要思路。遵循这样的思路，在日本，中央政府除承担国防和外交事务外，主要负责社会保险、大学教育、全国性道路和河川基础设施等公共事务；都道府县政府主要承担辖区公共基础设施、高中及特殊教育、对初等教育的支持、社会福利事业、警察等事务；市町村政府主要负责市政公共设施、幼儿教育和初级教育、公共卫生、消防等事务。

在我国，政府间事权和支出责任划分不够合理。比如：社会保险作为重要的全国性公共服务，却主要由省以下政府承担；地方政府还承担部分的国防事务和支出；高等教育具有很强的全国性公共服务特征，但中央政府承担责任明显不够。此外，省以下政府的事权关系不明确，本属于中央的社会保障事务由地方政府承担。这表现在高等教育主要由省级政府承担，高中教育、警察和秩序主要由市县政府承担，医疗卫生服务主要由基层地方政府提供。事权和支出责任总体层层下移，中央和省级政府事权和支出责任不够。事权和支出责任的错配和不规范，造成公共服务供给不足和过度并存、财政支出效率低、地区间公共服务差异大。同时，政府的公共责任没能有效履行，降低了社会福利水平和社会满意度。因此，应基于公共服务的特征属性、信息和技术约束、激励相容、基本公共服务均等化等原则，并借鉴包括日本在内的国外经验，规范和明确政府间事权和支出责任，将国防、基本社会保险、全国性公共设施等全国性公共服务确定为中央事权和支出责任。中央政府应承担更多的高等教育支出责任，省级政府应承担更多的特殊教育、职业教育和普通中等教育、省域公共基础设施、医疗卫生等事权和支出责任，市县政府应承担更多的初等教育、幼儿教育、市政建设、警察、社会救助、消防等地方性公共服务。

第四，地方税是地方政府收入的主体，转移支付和地方债等也是地方政府收入的重要来源。在日本，地方政府收入中的税收收入占比高。这是地方政府财力稳定、收入规范的体现。但是地方税收入并不是地方政府收入的全部，转移支付、债务收入、收费等其他收入也是地方政府事权和支出责任实现的重要收入来源。2013 年，在日本地方政府收入中，地方税收入约占 35%、转移支付收入约占 36%、地方债收入约占 12%、其他收入（收费、资产收益等）约占 17%。在现行财政体制下，我国地方政府收入也是多样化的，主要包括税收收入、转移支付收入、非税收入、地方政府基金收入（含土地出让金）和债务收入。在一个以经济社会政治的统一、社会公平稳定为价值追求，但地区经济社会发展不平衡的国家，地方事权和支出责任不可能完全依靠地方税收收入。因而，应保障中央在税收分配中占据优势，以发挥中央对经济社会的宏观调控和协调能力，同时，建立科学规范的转移支付制度、地方政府债制度，形成包括税收、转移支付、地方债等在内的稳定、可持续的地方政府收入结构。

第五，税收立法权相对集中，按税种特点合理设置地方税。日本税收立法权集中于国会，所有税法都须经国会批准。主要税种的管辖权在中央政府，地方政府有对部分地方税的解释或减免权。中央政府制定的《地方税法》，对各地方税种做了统一规定。地方政府根据《地方税法》规定，并结合本地情况制定了有关地方税条例。这些条例对课税客体、税目、课税标准、税率等予以具体规定。日本的总务省对地方政府的地方税进行指导。我国为单一制国家，为保障全国市场统一和社会稳定均衡，应在坚持全国统一立法的基础上，赋予地方一定的自主权。

在日本，税收稳定充足、对经济社会影响大、涉及面广。具有顺周期性的所得税（如个人所得税、法人税）、一般消费税（消费税）和特别消费税（汽油税、酒税、烟草税等）、关税等归中央政府所有。都道府县政府主要以所得税（含个人和公司）、地方消费税和财产税为主体税种；市町村政府主要以所得税（含个人和公司）和财产税等为主体税种。地方税设置遵循稳定性原则、受益性原则、居民普遍共担原则。由于不同税种的税源税基、对地方政府的激励结构、经济社会效应等存在着差异，我国的税收分权及地方税收体系建设应考虑税种特定、税种属性和不同税收分权对政府和微观经济主体的激励效应，并在此基础上进行合理配置。

第三章　英国地方政府的支出责任与地方税收：实践与启示

本章提要： 本章较为系统地梳理了英国地方政府事权与财政支出责任、中央与地方的财税收入、地方税等。英国的做法对我国政府间财政关系改革的启示在于：清晰合理划分中央与地方的事权和财政支出责任；适当提高中央财税收入比重，增强中央均衡地方财力和发展的能力；构建合理的地方税收体系；加强推进政府间财政关系法律化。

一、英国中央与地方政府的支出规模及事权与支出责任

科学合理划分各级政府的事权和支出责任是现代政府间财政关系的客观要求。按照英国的基本法规定，中央财政职能包括资源配置职能、稳定经济职能和提供公共服务职能。地方政府虽然对某些事项有一定的自由裁决权，但总体上要受中央政府的监控，服从中央政府的统一领导。地方政府的财政职能主要包括从事公共建设事业、维护公共安全、发展社会福利、改良社会设施。

（一）中央政府与地方政府的支出规模

英国中央政府与地方政府有各自的事权和支出责任。中央政府的事权和支出责任更大，同时对地方政府给予转移支付，以支持各地方政府公共服务的供给和政府职能的实现。由表 3-1 和表 3-2 可知：2014—2015 财年①，中央政府直接支出约为 5 690 亿英镑，占政府总支出的 76.92%，地方政府总支出约为 1 707 亿英

① 英国的财政年度为每年 4 月 1 日至次年 3 月 31 日。

镑，占政府总支出的23.08%；而在2003—2004财年，中央政府直接支出占政府总支出的比重为73.52%，地方政府总支出占政府总支出的比重为26.48%。从整体来看，地方政府支出比重呈逐年下降趋势，而中央政府的事权和支出责任却在扩大。自20世纪90年代以来，英国中央政府一直试图推动权力下放到地方政府，但地方自治进程并不顺利。2011年，英国政府推出“地方主义法案”，提出扩大地方政府和社区的权力和资源，真正发挥地方政府民选机构的作用，但长久以来的“中央集权主义”文化使得中央政府对地方政府能力存疑，且大多数税收都掌握在中央手中，地方财权受到限制与约束，使得这种地方政府分权改革受到阻碍，中央政府成为事权和支出责任的主要承担者。

表3-1　　2003—2014财年英国中央和地方政府的财政支出情况

财政年度	中央政府支出		政府间转移支付		地方政府支出		总计	
	金额（百万英镑）	占GDP的比重（%）	金额（百万英镑）	占GDP的比重（%）	金额（百万英镑）	占GDP的比重（%）	金额（百万英镑）	占GDP的比重（%）
2003—2004	331 923	27.45	92 469	7.65	119 573	9.89	451 496	37.34
2004—2005	355 562	28.01	100 512	7.92	132 200	10.41	487 762	38.42
2005—2006	361 406	26.77	107 243	7.94	140 751	10.43	502 157	37.20
2006—2007	397 440	27.90	112 597	7.91	146 227	10.27	543 667	38.17
2007—2008	420 198	28.04	119 746	7.99	155 217	10.36	575 415	38.40
2008—2009	467 128	31.09	124 552	8.29	164 189	10.93	631 317	42.02
2009—2010	481 800	32.08	133 723	8.90	180 600	12.03	662 400	44.11
2010—2011	526 446	33.40	139 829	8.87	178 893	11.35	705 339	44.75
2011—2012	534 255	32.81	131 423	8.07	173 685	10.67	707 940	43.47
2012—2013	555 373	33.38	126 139	7.58	169 949	10.21	725 322	43.59
2013—2014	557 986	32.22	125 858	7.27	169 541	9.79	727 527	42.01
2014—2015	568 958	31.46	124 913	6.91	170 681	9.44	739 639	40.89

注：中央政府支出中不包括政府间转移支付。

数据来源：根据英国政府网（https：//www. gov. uk/）的数据计算整理。

表3-2　　2003—2014财年英国各级政府的财政支出占总支出的比重

财政年度	中央政府（%）	地方政府（%）
2003—2004	73.52	26.48

表3-2(续)

财政年度	中央政府（%）	地方政府（%）
2004—2005	72. 90	27. 10
2005—2006	71. 97	28. 03
2006—2007	73. 10	26. 90
2007—2008	73. 03	26. 97
2008—2009	73. 99	26. 01
2009—2010	72. 74	27. 26
2010—2011	74. 64	25. 36
2011—2012	75. 47	24. 53
2012—2013	76. 57	23. 43
2013—2014	76. 70	23. 30
2014—2015	76. 92	23. 08

数据来源：根据英国政府网（https：//www. gov. uk/）的数据计算整理。

（二）中央政府与地方政府的事权与支出责任

政府的支出结构和支出项目是政府事权与支出责任的直接体现，英国中央政府与地方政府在支出责任上具有共通性。在中央政府与地方政府的事权划分上，中央财政支出主要用于国防、外交、高等教育、社会保障、国民健康和医疗、中央债务还本付息、对欧盟的转移支付以及对地方的补助；地方政府的预算支出主要用于中小学教育、住房与社区设施维护、地方治安、消防、公路维护、环境保护以及少量投资等。

英国中央政府主要提供受益范围和需求具有全国性的公共服务。它主要包括以下几个方面：①社会保障。中央政府第一大支出就是社会保障。2013—2014财年，该项支出占中央政府财政支出的35. 18%，主要用于疾病和残障补助、老年补助、失业补助、对家庭及收入的支持、住房及其他社会支持等。②医疗。2013—2014财年，医疗支出占中央政府财政支出的22. 70%，成为中央政府的第二大支出项目，主要用于医疗服务和医学研究等。③一般公共服务。一般公共服务包括行政、立法、财政事务及外部事务，对外经济援助以及中央政府债务利息支付等。其中的债务利息在一般公共服务支出中占相当大比例。这和英国政府的高债务不无关系，2013—2014 财年，英国政府的债务占 GDP 比重接近 90%。2013—2014 财年，一般公共服务支出占中央政府财政支出的 11.74%，排到了第三位。④教育。教育作为中央政府支出的第四大项目，在 2013—2014 财年占中央政府财政支出的 7.77%，主要用于中等教育、高等教育、基础教育以及其他教育培训等。其中，中等教育和高等教育占比最高。⑤国防。国防支出主要用于军事防御、外国军事援助、防御研究、民防等方面，2013—2014 财年在中央政府财政支出中占比为 6.50%。⑥经济事务。经济事务支出主要用于道路交通、农林牧渔、商业、研发等，在 2013—2014 财年占中央政府财政支出的 4.96%。⑦剩下的较小支出项目依次为公共秩序安全（2.72%），娱乐、文化与宗教（1.20%），欧盟交易（0.90%），环保（0.84%），住房和社区设施（0.35%）。

地方政府则承担受益范围和需求具有地方性的公共服务。这里以英格兰地方政府的支出结构为例进行说明。它主要包括以下几个方面：①社会保障。和中央政府类似，英格兰政府支出最大的项目为社会保障。2013—2014 财年，该项目的支出占当地政府财政支出的 32.18%。②教育。地方政府主要负责基础教育建设。2013—2014 财年，教育项目支出占当地政府财政支出的 27.02%。③公共秩序安全。2013—2014 财年，公共秩序安全支出占当地政府财政支出的 8.47%。这部分支出主要用于警察服务、消防服务等。④经济事务。经济事务支出主要用于对工业、农业、商业及交通的支持，在 2013—2014 年占比为 5.51%。⑤环保。地方政府在环境保护上承担着重要责任，包括污染治理、生物多样性保护以及其他环保事务。2013—2014 财年，该项目的支出占比为 3.71%。⑥剩下的支出项目依次为一般公共事务（3.03%），娱乐、文化与宗教（2.80%），住房和社区设施（2.70%），医疗（1.51%）与国防（0.03%）。2013—2014 财年，英国中央和英格兰政府主要支出项目的支出金额占总支出的比重如表 3-3 所示。

表 3-3　2013—2014 财年英国中央和英格兰政府主要支出项目的支出金额占总支出的比重

支出项目	中央政府（%）	英格兰政府（%）
一般公共服务	11.74	3.03
国防	6.50	0.03

表3-3(续)

支出项目	中央政府（%）	英格兰政府（%）
公共秩序安全	2. 72	8. 47
经济事务	4. 96	5. 51
环保	0. 84	3. 71
住房和社区设施	0. 35	2. 70
医疗	22. 70	1. 51
娱乐、文化与宗教	1. 20	2. 80
教育	7. 77	27. 02
社会保障	35. 18	32. 18
欧盟交易	0. 90	-
其他	5. 11	13. 02

数据来源：根据英国政府网（https：//www. gov. uk/）的数据整理。

二、 英国中央与地方政府的财政收入与税收划分

（一）中央与地方的财政收入

政府事权和支出责任的实现离不开政府财力的保证。由表 3-4 可知，2001—2002 财年英国实现财政总收入 3 918 亿英镑，占 GDP 的 38. 35%；2015—2016 财年，英国财政总收入达到 6 659 亿英镑，占 GDP 的 36. 34%。由此可知，英国财政总收入占 GDP 的比重有所下降，但总体保持稳定。

英国实行高度集中的财政管理体制及财政收入分配制度，对比中央政府和地方政府的直接财政收入可以发现，英国政府财力纵向分配高度集中，中央政府财政收入占总财政收入的 95%左右，而地方政府仅占到 5%左右。例如，2015—2016 财年，中央直接财政收入与地方直接财政收入之比约为 94 ∶ 6。

中央和地方的财政收入完全按税种划分，不设共享税。税收也分别由中央和地方各自的税务机关负责征收。税收管理权高度集中于中央政府，不仅主要税源或税种掌握在中央政府手中，而且绝大部分税收收入也都归中央政府支配和使

用。地方税收收入通常只占到整个税收收入的10%左右，地方支出占总支出的25%左右，地方财政主要财源来自中央对地方的财政补助。地方虽然对某些事项有一定自由裁决权，但总体上要受到中央政府的监控，服从中央政府的统一领导。地方政府有地方税的征收权并且相应的收入归地方所有，但地方税种的开征、税率的提高和征税范围的扩大等必须由中央政府决定并通过相应的立法程序进行。

表 3-4　1996—2016 财年英国中央和地方政府的直接财政收入占 GDP 的比重

财政年度	中央政府（%）	地方政府（%）	总收入（%）
1996—1997	34. 63	1. 72	36. 35
2001—2002	36. 60	1. 76	38. 36
2005—2006	35. 25	1. 91	37. 16
2010—2011	33. 66	2. 07	35. 73
2011—2012	34. 56	2. 04	36. 60
2012—2013	34. 84	1. 94	36. 78
2013—2014	34. 72	2. 05	36. 77
2014—2015	34. 63	2. 05	36. 68
2015—2016	34. 28	2. 05	36. 33

数据来源：英国公共支出网（http：//www. ukpublicrevenue. co. uk/）。

（二）中央政府税收

英国中央政府的直接财政收入主要包括所得税（含个人所得税和公司所得税）、资本税、间接税（含增值税、消费税、燃料税等）、国民保险税以及其他商业收入等。就 2015—2016 财年而言，中央政府直接财政收入中个人所得税收入占 26. 9%、增值税收入占 23. 8%、强制社会保险交款（国民保险税）收入占 17. 6%、公司所得税收入占 6. 8%、消费税收入占 4. 5%、商业及其他收入占 8. 9%（如表 3-5 所示）。

（三）地方政府税收

英国地方政府的直接财政收入主要包括财产税（议会税或市政税，council

tax）和商业及其他收入等。在2015—2016财年，地方政府直接财政收入中财产税占71.4%、商业及其他收入占26.5%，另外还有少量的增值税收入，仅占1.6%（如表3-5所示）。此外，英国地方政府的主要财源来自中央对地方的财政补助。

由表3-6可知，2013—2014财年，英格兰政府财政收入中57.75%来自中央补助，剩下的42.25%来自地方资金收入。在2013—2014财年，英格兰来自中央的补助收入中有一项非住宅财产税，而在2014—2015财年，该项目的收入变为零，且地方资金收入中增加了一项非住宅财产税保留计划。这是因为从2013年4月起中央政府开始实行"非住宅财产税保留计划"，允许地方政府自留一部分非住宅财产税，以激励地方发展，也即由以前的先汇缴给中央再由中央按一定比例以补助形式返还，变成地方政府先按比例自留一部分再将大部分上缴中央。在地方资金收入中，议会税是地方政府最重要的税种，且在财政收入占了较大比重，在2014—2015财年达14.83%。另外，各项收费、市政租金、利息收入等也是英格兰地方财政收入的重要项目。

表3-5 2015—2016财年英国中央和地方政府的直接财政收入项目

收入项目	中央政府		地方政府		总收入	
	金额（十亿英镑）	占比（%）	金额（十亿英镑）	占比（%）	金额（十亿英镑）	占比（%）
所得税和资本税	216.5	34.5	-	-	216.5	32.5
所得税	212.2	33.8	-	-	212.2	31.9
个人所得税	169.2	26.9	-	-	169.2	25.4
公司所得税	43.0	6.8	-	-	43.0	6.5
资本税	4.3	0.7	-	-	4.3	0.6
国民保险税（National Insurance）	110.3	17.6	-	-	110.3	16.6
间接税	237.0	37.7	27.5	72.9	264.5	39.7
消费税（Excise Taxes）	28.5	4.5	-	-	28.5	4.3
增值税	149.8	23.8	0.6	1.6	150.4	22.6
财产税	-	0.0	26.9	71.4	26.9	4.0
燃料税（Fuel duties）	27.2	4.3	-	-	27.2	4.1

表3-5(续)

收入项目	中央政府		地方政府		总收入	
	金额（十亿英镑）	占比（%）	金额（十亿英镑）	占比（%）	金额（十亿英镑）	占比（%）
印花税（Stamp duty land tax）	10.9	1.7	–	–	10.9	1.6
其他	20.7	3.3	–	–	20.7	3.1
收费	–	0.0	–	–	–	–
商业和其他收入	55.8	8.9	10.0	26.5	65.8	9.9
平衡项	8.7	1.4	0.1	0.3	8.8	1.3
合计	628.3	100.0	37.7	100.0	665.9	100.0

数据来源：根据英国政府网（https：//www. gov. uk/）的数据整理。

表 3-6　　2012—2014 财年英格兰政府的财政收入项目　　单位：百万英镑

收入项目	财政年度	
	2012—2013	2013—2014
补助收入	97 692	90 982
非住宅财产税	23 129	–
其他	74 563	90 982
地方资金收入	48 771	57 319
议会税	26 714	23 371
非住宅财产税保留计划	–	10 719
外部利息收入	815	839
资本收益	2 124	2 481
收费	12 201	12 695
市政租金	6 916	7 215
其他收入	8 842	9 253
总计	155 306	157 554

数据来源：根据英国政府网（http：//www. gov. uk/）的数据整理。

三、 英国地方政府的主要税种

英国的地方税可追溯到1601年伊丽莎白时期的《贫困救济法案》（Poor Law Act）中开征的强制性地方财产税。现行的地方税为1993年依据《地方政府金融法案》（Local Government Finance Act）实施的地方议会税（council tax），又称家庭房产税（domestic rates）。从2000年开始，某些地方政府陆续开始开征一些小税种，形成辅助地方税系（supplementary local rates），但这些税种的收入规模有限，在英国地方税体系中无足轻重。

英格兰、苏格兰和威尔士的地方主体税种为地方议会税，其中英格兰和威尔士的税收制度基本相同。北爱尔兰仍采用1990年前的营业房产税。某些地方政府还陆续开征了一些地方税，2000年左右形成了包括地方车辆消费税、地方销售税、地方印花税、旅游税、环境税等诸多小税种的辅助地方税系。由于辅助地方税在地方财政收入中占比非常小，下面主要对地方议会税进行介绍。此外，由于非住宅房产税会按照一定比例返还给地方政府，地方政府拥有一定自主权，因此本书也对该税种进行简要介绍。

（一）地方议会税

地方议会税是对年满18周岁的住房所有者或承租者征收的财产税，以房屋评估价值为基础，由地方政府确定税率，在当地征收。

地方议会税的征税对象是应税住所（chargeable dwellings），包括自用住宅和租用住宅。应税住所通常是指人们能够居住的财产，如房子（house）、公寓（flat）、船宅（houseboat）、房车（caravan）等，但不包括庭院、花园、户外厕所或其他属于居住处所的附属物（other appurtenance），私人车库以及私人货仓。私人车库的地表面积不应超过25平方米或者全部或主要用于存放私人机动车。私人货仓应完全或主要用于存储家庭用物品。

地方议会税基于房产的评估价值进行计算，并根据房产价值划分成不同的等级。当地政府再根据不同等级指定不同的缴税金额和比例。英格兰和威尔士的房产估值机构是国税与海关局（HMRC）下属的评估办公室（Valuation Office Agency,

VOA），苏格兰的房产估值机构是苏格兰陪审员协会（Scottish Assessors Association，SAA）。目前，英格兰和苏格兰依据的房产价值是按照 1991 年 4 月 1 日住宅的市场价值评估的，威尔士依据的是 2003 年 4 月 1 日的相应市值。英国各地区的居住性房产的估值等级表见表 3-7。

表 3-7　英国各地区居住性房产的估值等级

分级	英格兰	威尔士	苏格兰
A	不超过 40 000 英镑	不超过 44 000 英镑	不超过 27 000 英镑
B	大于 40 000 英镑且小于等于 52 000 英镑	大于 44 000 英镑且小于等于 65 000 英镑	大于 27 000 英镑且小于等于 35 000 英镑
C	大于 52 000 英镑且小于等于 68 000 英镑	大于 65 000 英镑且小于等于 91 000 英镑	大于 35 000 英镑且小于等于 45 000 英镑
D	大于 68 000 英镑且小于等于 88 000 英镑	大于 91 000 英镑且小于等于 123 000 英镑	大于 45 000 英镑且小于等于 58 000 英镑
E	大于 88 000 英镑且小于等于 120 000 英镑	大于 123 000 英镑且小于等于 162 000 英镑	大于 58 000 英镑且小于等于 80 000 英镑
F	大于 120 000 英镑且小于等于 160 000 英镑	大于 162 000 英镑且小于等于 223 000 英镑	大于 80 000 英镑且小于等于 106 000 英镑
G	大于 160 000 英镑且小于等于 320 000 英镑	大于 223 000 英镑且小于等于 324 000 英镑	大于 106 000 英镑且小于等于 212 000 英镑
H	超过 320 000 英镑	大于 324 000 英镑且小于等于 424 000 英镑	超过 212 000 英镑
I		超过 424 000 英镑	

数据来源：根据《英国地方政府财政统计 2015》整理。

地方议会税的税率由英国地方政府自行确定。英国各地方政府主要根据其收支情况和应税住宅数来决定税率。对同一地区同一价值等级内的住宅，地方政府课征相同的税额。地方政府首先确定其各项支出的总额，然后减去中央政府按一定标准计算确定的转移支付金额、营业房产税返还金额以及地方收费的预计金额，得出的差额就是应通过地方议会税征收的税额；再将辖区内所有住宅依其价值进行分类，统计出各价值等级内应税住宅的数量。根据规定，在英格兰和苏格兰同一计税地区的应税住所按房产价值划分为 A 至 H 八个等级，各级别房产的议会税应纳税额比为 6∶7∶8∶9∶11∶13∶15∶18，威尔士分为 A 至 I 九个等级，各级别房产的议会税应纳税额比为 6∶7∶8∶9∶11∶13∶15∶18∶21。地方政府以 D 级住宅为课税标准设置年度税率，其他等级即可按比例换算出来，如 A 级的税额就是 D 级税额的 6/9 倍。

如果你一个人居住或在你家除了你之外没有成年人，你可以获得 25%的扣除；如果你们家包括你在内都不是成年人，那么你可以获得 50%的折扣；如果你们家全部人包括你在内都是全日制学生，那么你将不用支付任何议会税。其中，不算作成年人的规定：未满十八岁的孩子，参与学徒计划的人，18、19 岁接受全日制教育的人，全日制学院和大学的学生，等等。同时，对残障个人和家庭有税收优惠减免规定。

如果你有第二居所，当地议会可以给予第二居所或度假屋高达 50%的议会税折扣。对于你的空置房屋，你仍然需要支付议会税，但当地议会可以视情况给予一定抵扣，如果房屋空置两年以上，你可以争取到最高 50%的扣除。此外，入狱者、搬进养老院的人等则无须缴纳议会税。

议会税由地方税务机构征收。该机构被称为政府征收机构（collecting authority），可能由多个单位组成。该机构将征收权再分配给其他的机构——政府管理机构（precepting authority）。征收机构是英格兰地区、威尔士主要地区以及苏格兰地区的议会。管理机构是地方政府的其他级别的议会，如郡县或教区议会。在没有郡县议会的都市郡，联合委员会是管理机构。此外，可能有基于特殊目的建立的管理机构，覆盖区域小到仅几条街或者大到整个郡县。在征收时，首先需要纳税人向地方税务机关申报，并提供与住宅有关的资料；然后税务机关根据住宅的评估价值及其对应的价值等级，在每年的 4 月 1 日向纳税人发出税单，通知纳税人应缴纳的税额。

地方议会税主要用作市政支出，但也有一部分单独分给地方警察局或教区。地方议会税（或市政税）的使用范围包括警察、消防服务、垃圾收集/移除、休闲理事会中心、公园及转乘计划、维护公园和开放空间、街道清洁、公共补贴交通、旅游、博物馆、环境、健康和食品安全、规划服务、支持志愿团体、社会关爱、儿童游乐中心、体育设施设备、防洪等。

以英格兰地区的议会税为例，资料显示每年英格兰地方政府 62%以上的收入基本来自中央政府（包括营业房产税的返还、财政收入和补助），如 2012—2013 财年来自中央政府的收入达 62. 9%，剩下的 17. 20%来自地方议会税，14. 20%来自地方收费、租金和资本收入，还有 5.7%来自其他调整收入等。根据表 3-8，我们可以看到议会税在地方本级收入中的比重超过了 50%，在地方财政总收入的比重也在 16%左右，是地方筹措资金的重要来源。

表 3-8　　2008—2013 财年英格兰议会税在地方财政各项收入中的比重　　单位:%

财政年度	2008—2009	2009—2010	2010—2011	2011—2012	2012—2013
在地方本级收入中的比重	52.87	54.51	55.47	55.22	54.77
在地方财政总收入中的比重	16.10	15.80	15.89	16.56	17.20

数据来源：根据《英国地方政府财政统计 2015》整理。

自 1993 年开始实施地方议会税以来，英格兰地区的 D 级住宅的应纳税额呈逐年增长的态势，且增长率一直高于物价指数增长率和平均工资增长率，尤其是 2003—2004 财年，D 级住宅税收标准的增长率最高达到 12.9%，远远高于当时的通货膨胀率和平均工资增长率。2010 年，政府宣布冻结议会税（council tax freeze），英格兰地区的议会税增长率直线下降，2013—2014 财年住宅平均议会税增长率为负，D 级住宅的纳税标准增长率仅为 0.8%。2010—2014 财年英格兰议会税税收标准及增长率见表 3-9。

表 3-9　　2010—2014 财年英格兰议会税税收标准及增长率

财政年度	D 级住宅议会税（2 人标准）		住宅平均议会税		零售物价增长率（%）	平均工资增长率（%）
	每个住宅的税收（英镑）	增长率（%）	平均每个住宅的税收（英镑）	增长率（%）		
2010—2011	1 439	1.8	1 195	1.7	5.3	1.4
2011—2012	1 439	0	1 196	0.08	5.2	2.2
2012—2013	1 444	0.3	1 201	0.04	3.5	1.7
2013—2014	1 456	0.8	1 045	-0.13	2.9	1.4

数据来源：根据《英国地方政府财政统计 2015》整理。

（二）非住宅房产税

非住宅房产税又称营业税（business rates），虽然由地方政府征收，但实际上属于中央税，权限在中央政府。其征税对象为非居民（或工商业）房产，如商店、办公楼、酒吧、仓库、工厂或其他非住宅性的房地产。对农场建筑及土地、渔场、宗教礼拜场所及为残疾人提供服务的特定房产等免征营业税。

根据规定，英国估价部门每五年会对非住宅房产的应税价值进行重新评估，并更新纳税名单。纳税依据为房屋租金收益。非住宅房产税的应税价值是指应税房产在规定日期被出租的合理市场租金。税率由中央政府（在苏格兰由首席部长）每年根据通货膨胀率及上一年的税率来确定全国标准，在 4 月 1 日颁布，并在全国范围内征收。如表 3-10 所示，2014—2015 财年，中央制定的标准税率为 48.2%。

对于小型房产，政府有相应的税收优惠，对 6 000 英镑以下的免税，6 001～12 000英镑部分减免，12 001～18 000 英镑以上（伦敦为 12 001～25 500 英镑）不减免但按照小型房产税率（如表 3-10 所示）缴纳。用作慈善团体办公及业余运动俱乐部的房产可以申请最多 80%的减免。针对人口低于 3 000 人的农村地区，商业用房可享受规定的减免，非住宅用房闲置三个月以内也可以免除营业税。

表 3-10　2010—2015 财年英国非住宅房产税税率表　单位：%

标准 \ 财政年度	2010—2011	2011—2012	2012—2013	2013—2014	2014—2015
小型房产标准	40.7	42.6	45.0	46.2	47.1
国家标准	41.4	43.3	45.8	47.1	48.2

数据来源：根据英国政府网（http：//www. gov. uk/）的数据整理。

2013 年以前，非住宅房产税由地方政府征收后，收入上缴中央，再由中央政府在全国范围内按人数重新分配给地方政府，形成地方政府收入来源中“重分配的非住宅房产税”（redistributed non-domestic rates）。返还后的非住宅房产税收入约占中央向地方补助资金的 25%，在地方财政收入中的比重也占到 15%左右。2013 年以后，收入先由地方政府自留一部分，即地方政府收入来源中的“非住宅财产税保留计划”（Retained income from Rate Retention Scheme），再将剩余部分上缴给中央政府。2013—2014 财年的数据显示，在实施新计划后地方政府分得的非住宅房产税金减少了一半。

四、 结论与启示

英国是政府权力相对集中的单一制国家。这种相对集中的行政体制在财政体制上得到了充分体现。在财政收入、税权划分以及支出责任上，中央政府占了较大比重，而地方政府所占比重相对较小。与英国类似，我国同样是单一制国家，同时在政治和行政上具有注重集中统一的传统。英国在地方税制的构建上为我们提供了重要参考与启示。

第一，清晰合理地划分中央与地方的事权和支出责任。英国中央政府主要提供全国性受益的公共服务，包括社会保障、医疗、一般公共服务与国防等，而地方政府则提供受益范围和需求具有地方性的公共服务，比如地方基础性教育建设、公共秩序安全和环保等。我国政府管理层级比较多，各级政府间事权划分不够明确和规范，且存在严重的事权和支出下移的现象。如 2015 年，中央和地方在全国一般公共预算支出中的占比分别为 14.5%和 85.5%。我国中央财政支出占比过低、直接提供公共服务过少，地方承担事权过多、财政支出占比过高。这一方面难以充分发挥中央和地方在提供不同受益范围和规模效率的公共服务的优势，降低了公共服务的供给效率；另一方面也不利于地区间基本公共服务均等化、全国统一市场的建立和要素的自由流动，甚至不利于全国的稳定统一。因而，应基于不同公共服务的特点、不同层级政府公共服务的供给优势、基本公共服务大致均等供给、市场和国家的统一稳定等，合理调整中央和地方政府的事权和支出责任，让全国性公共服务回归中央政府、中央政府政府责任归位，使中央政府在社会保障、教育（特别是高等教育）、医疗卫生、司法、农业农村发展、大型基础设施等方面承担更多的事权和支出责任。

第二，适当提高中央财税收入比重，增强中央均衡地方财力和发展的能力。英国政府财力纵向分配高度集中，中央政府财政收入占总财政收入的 95%左右，而地方政府仅占到 5%左右。当然，我国作为一个幅员辽阔、人口众多的大国，给地方政府配置充分财力，发挥地方政府在公共服务和经济社会发展中的优势与积极性非常重要，但我国政府间财政收入划分不可能像英国那样高度集中。2015 年，我国中央与地方政府的一般公共预算财政收入分配占比分别约为 45.5%和

54.5%，而美国联邦和州及以下政府财政收入分配占比分别约为52%和48%，日本中央和地方政府财政收入分配占比分别约为60%和40%。与其他国家相比，我国中央财政收入分配比重相对较低。我国作为地区间发展差距明显、收入差距较大的发展中国家，更需要中央政府运用财政手段均衡地区间发展、缩小收入差距。因此，有必要适度提高中央财政收入比重，更好发挥中央的宏观调控、缩小区域和人际差距及均衡经济社会发展的作用。

第三，构建合理的地方税收体系。地方政府事权的落实，需要以充足的地方财政为保障。英国地方政府直接财政收入相对有限，其地方税收入在全国税收收入中的比重也非常低。在英国，公司所得税、个人所得税、增值税、消费税等主体性税种基本都归中央政府所有，地方政府的地方税则以财产税为绝对主体，财产税占地方直接财政收入的70%以上，占地方税收收入的90%以上。英国的地方税实践对我们的启示在于：一方面，财产税具有税基的非流动性、税源的稳定性、税负的非转嫁性等特点，是地方政府最适宜的主体税种；另一方面，即使以房产税为主力的财产税是适宜的地方税，但是以房产税为代表的财产税是以房产或财产为课税对象，税基相对有限，同时居民对该税收的感知强烈，单靠房产税或财产税难以取得充足的税收，不可能为地方政府的支出提供有力保障。因此，我国地方税体系的建立，要深化房产税改革，使以房地产为课征对象的财产税成为地方主体税种之一；还应坚持税收分成的做法，使地方政府在企业所得税、增值税、个人所得税等方面分享一定比例的税收收入，并使这种分成共享的制度法律化、稳定化；还可以考虑在零售环节征收消费税，使其成为地方税的重要组成部分。

第四，加强财税法治建设，推进政府间财政关系法律化。政府关系调整应当以法律为依据。英国制定了专门的地方政府法律法规，如界定了地方政府行政划分、事权规定以及与中央政府财政关系协调的地方政府法案，对地方议会税的征收予以规定的地方政府金融法案等，有利于规范中央政府对地方政府的监管，为地方政府行使职能提供合法依据。依法治国是我国的基本治国方略，但因为历史和现实的诸多原因，我们的财税法治建设，特别是政府间财政关系的制度规范法治化水平还不高。政府间财政关系的相关规范是具有宪法意义的基本制度规范，需要以财政基本法或其他法律的形式来规范，以增强制度的权威性、稳定性和约束力。我们应当加快财税法治化建设，使政府间财政关系制度法律化，以保障实现中央与地方财政关系的有序互动，同时加快落实税收法定，使包括地方税在内的各项税收基本制度逐步上升为法律，以法律的形式表达，规范政府和社会（或纳税人）行为。

第四章　澳大利亚地方政府的支出责任与地方税收：实践与启示

本章提要：本章比较系统地介绍了澳大利亚政府的事权与支出责任、财政收支、税权划分和地方性税种。澳大利亚地方政府的支出责任和地方税收对于中国政府间财政关系的改革完善、地方税收体系构建具有积极的参考价值。

一、澳大利亚政府间支出结构及地方政府支出责任

（一）政府结构

澳大利亚是一个联邦制国家，其政府分为联邦、州及领地、地方政府三级。澳大利亚有六个州（维多利亚、新南威尔士、昆士兰、南澳大利亚、西澳大利亚、塔斯马尼亚）和两个特区（北领地、首都领地），此外，澳大利亚还管辖了包括诺福克岛在内的多个海岛。澳大利亚宪法规定，联邦政府与州政府之间没有行政隶属关系，但特区政府则由联邦政府直接管辖，地方政府在州及特区政府之下履行政府职能。此外，凡不属于联邦政府管辖的权限均由州政府负责。目前，包括首都特区在内，澳大利亚共有 571 个地方管理机构。

根据澳大利亚的宪法，其地方政府没有独立地位，只能根据各州法律在全国以基本相同的方式组建，由州宪法承认地方政府，因此州政府可以解散地方政府。地方政府仅从州政府获得应有的权力。此外，一些解决特定类别问题的法律，可以将特定的职能或权力授予地方政府。近年来，各州在地方政府立法方面均有不同程度的变化，但仍保留了对地方政府的绝对控制权。在某些方面，地方政府仍被视为州属行政机构的延伸，但它同时也被视为一级政府和公共权力机构。地方领导人由民选产生。地方政府作为一级政府，其职能多样。同时，地方

还享有制定行政规章和征税的权力。这些权力使地方政府拥有比州属行政机构更高的地位，但这些权力的行使必须接受州政府的监督和管理。所有州的地方政府只有一级，没有县和市的区别，诸如“县”“市”只是带有地域上的解释。地方政府机构通常被称为市政会，由领地直接管辖的统称为地方政府管辖区。一些面积较大但人口较少的地区可能没有地方政府。这些地区的地方政府权力可能由建立在普通立法之外的有特殊目的的机构行使，比如维多利亚的高山滑雪胜地直接由州政府行使。

目前，澳大利亚各州的经济管理权限逐渐降低，联邦政府集权程度越来越高，通过税收、转移支付等财政经济手段调控联邦各州协调发展的能力逐步增强。实际上，澳大利亚已经形成“经济上联邦高度集权、政治上地方高度自治”的治理模式。

（二）政府支出规模

从 1998 至 2015 财年①，随着经济和社会的发展，澳大利亚的社会福利不断发展，政府活动范围不断扩张。这些使澳大利亚的政府的财政支出占 GDP 的比重基本呈上升趋势，如图 4-1 所示。2008 年，全球金融危机以后，澳大利亚政府为维持经济增长和就业，政府支出占 GDP 的比重突破 30%。自 2012 年下半年以来，澳大利亚政府支出占 GDP 的比重增速趋缓，基本维持在 36%左右。

（三）联邦、州和地方政府的支出结构

从澳大利亚联邦成立开始，联邦宪法就对联邦和各州之间的职责划分进行了基本界定，各州又通过法律或委托授权等形式赋予地方政府一定的职责。宪法未明确划分的职责，在后来的实践中通过协商逐渐形成共识，从而形成了目前各级政府之间事权和支出责任划分的基本格局。在三级政府中，联邦政府的事权和支出责任更大，同时对州和地方政府给予转移支付，以支持各地方公共服务的供给及政府职能愿景的实现。由表 4-1 可知，2014—2015 财年，联邦政府直接支出为 4 186. 59 亿澳元，占政府总支出的 54. 37%；州政府直接支出为 2 307. 91 亿澳元，占政府总支出的 39. 82%；地方政府直接支出为 336. 4 亿澳元，占政府总支

① 澳大利亚的财政年度为每年 7 月 1 日至次年 6 月 30 日。

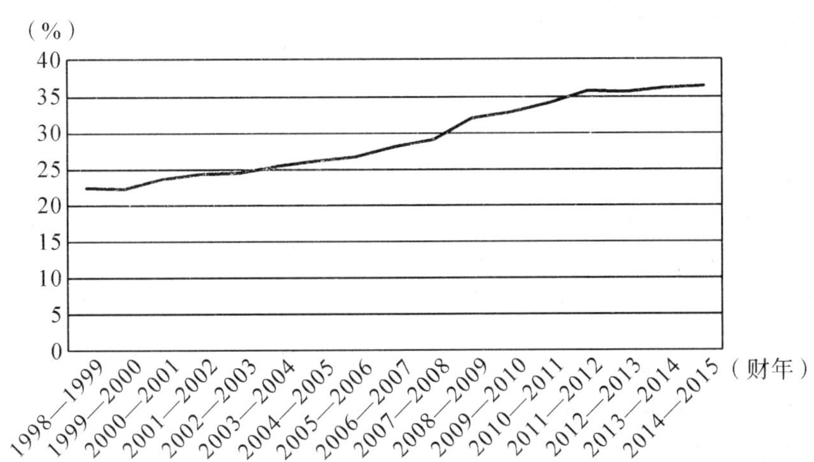

图 4-1 1998—2015 财年澳大利亚政府的财政支出占 GDP 的比重

数据来源：根据澳大利亚统计局网站（http：//www. abs. gov. au/）的数据计算整理。

出的 5. 80%；州和地方政府直接支出约占政府总支出的 45. 62%。由表 4-2 可知，从 1998 到 2015 财年，联邦政府直接支出占政府总支出的比例变化范围一直在 52%~55%波动，州政府直接支出占政府总支出的比例变化范围一直在 39%~40%，而地方政府直接支出占政府总支出的比例则一直维持在 6%上下。这说明各级政府的事权和支出责任没有发生太大变化，但综合来看，联邦政府支出呈现出轻微的扩张趋势，而州政府和地方政府支出则存在轻微的缩小趋势。

州和地方政府相较于联邦政府更直接面对居民，理论上，由州及以下地方政府提供公共服务更符合居民的偏好，在公共服务供给上更为有效。总体来说，州加上地方政府的支出和联邦政府的支出各占政府总支出的一半，但各州及其地方政府的政府总支出占比仍然略低于联邦政府的总支出占比，其中，地方政府的政府总支出占比极低。实际上，虽然澳大利亚的地方政府一直处于改革与创新之中，但其始终没有独立的宪法地位，甚至被视为州政府的机构延伸，因而其事权和支出责任受限，支出规模比较小。地方政府财政承担的支出责任有限，但基本上可以由自有财力满足，因此其不足的部分依靠联邦与州拨款来弥补。

表 4-1　　1998—2015 财年澳大利亚联邦、州和地方政府的财政支出情况

财政年度	联邦总支出		政府间转移支付		州直接支出		地方直接支出		总计	
	金额（百万澳元）	与 GDP 的比重（%）	金额（百万澳元）	与 GDP 的比重（%）	金额（百万澳元）	与 GDP 的比重（%）	金额（百万澳元）	与 GDP 的比重（%）	金额（百万澳元）	与 GDP 的比重（%）
1998—1999	148 623	15. 39	-33 981	-3. 52	88，178	9. 13	13 593	1. 41	216 413	22. 40
1999—2000	156 338	15. 41	-35 683	-3. 52	90 853	8. 96	15 223	1. 50	226 731	22. 35
2000—2001	181 054	17. 18	-46 882	-4. 45	99 654	9. 46	15 814	1. 50	249 640	23. 69
2001—2002	194 042	18. 07	-52 956	-4. 93	104 185	9. 70	16 703	1. 56	261 974	24. 39
2002—2003	200 448	17. 97	-54 033	-4. 84	109 611	9. 83	17 474	1. 57	273 500	24. 52
2003—2004	214 778	18. 68	-56 857	-4. 95	117 328	10. 21	18 361	1. 60	293 610	25. 54
2004—2005	230 788	19. 28	-60 912	-5. 09	125 171	10. 45	19 441	1. 62	314 488	26. 27
2005—2006	241 311	19. 53	-65 469	-5. 30	134 994	10. 92	20 685	1. 67	331 521	26. 83
2006—2007	257 544	20. 24	-68 023	-5. 35	146 246	11. 49	22 080	1. 74	357 847	28. 12
2007—2008	278 600	21. 10	-74 584	-5. 65	157 392	11. 92	23 891	1. 81	385 299	29. 18
2008—2009	322 891	23. 58	-84 112	-6. 14	173 817	12. 69	25 918	1. 89	438 514	32. 02
2009—2010	338 633	24. 29	-97 302	-6. 98	191 331	13. 72	27 221	1. 95	459 883	32. 98
2010—2011	357 060	25. 10	-98 601	-6. 93	198 277	13. 94	29 039	2. 04	485 775	34. 15
2011—2012	379 302	26. 05	-97 098	-6. 67	209 190	14. 37	30 632	2. 10	522 026	35. 85
2012—2013	384 079	25. 45	-92 434	-6. 13	214 747	14. 23	32 192	2. 13	538 584	35. 69
2013—2014	405 591	26. 24	-98 270	-6. 36	221 101	14. 30	32 386	2. 09	560 808	36. 28
2014—2015	418 659	26. 42	-103 523	-6. 53	230 791	14. 56	33 640	2. 12	579 567	36. 58

数据来源：根据澳大利亚统计局网站（http：//www. abs. gov. au/）的数据计算整理。

表 4-2　　1998—2015 财年澳大利亚各级政府财政支出占总支出的比重

财政年度	联邦政府（%）	州政府（%）	地方政府（%）
1998—1999	52. 97	40. 75	6. 28
1999—2000	53. 22	40. 07	6. 71
2000—2001	53. 75	39. 92	6. 33
2001—2002	53. 85	39. 77	6. 38
2002—2003	53. 53	40. 08	6. 39
2003—2004	53. 79	39. 96	6. 25
2004—2005	54. 02	39. 80	6. 18

表4-2(续)

财政年度	联邦政府 (%)	州政府 (%)	地方政府 (%)
2005—2006	53.04	40.72	6.24
2006—2007	52.96	40.87	6.17
2007—2008	52.95	40.85	6.20
2008—2009	54.45	39.64	5.91
2009—2010	52.48	41.60	5.92
2010—2011	53.21	40.82	5.98
2011—2012	54.06	40.07	5.87
2012—2013	54.15	39.87	5.98
2013—2014	54.80	39.43	5.77
2014—2015	54.37	39.82	5.80

注：只考虑各级政府财政支出的直接支出，不计政府间转移支付。

数据来源：根据澳大利亚统计局网站（http：//www.abs.gov.au/）的数据计算整理。

（四）联邦、州和地方政府的事权和支出责任划分

在职能划分上，联邦政府的主要职能是提供社会保障和福利、医疗卫生、教育、国防和维持国家机器运转的一般性公共服务。州政府的职能是发展教育、医疗卫生事业和交通运输，保障公共秩序与安全。在三级政府中，州政府是非常重要的一级政府，承担着与百姓生活息息相关的公共事务。地方政府主要承担住房、社区环境建设和维护、文化娱乐、交通运输等职能。总的来看，中央政府侧重于财政的收入再分配职能，州与地方政府则侧重于财政的资源配置职能。

联邦政府的基本事权由联邦宪法规定。在过去的一百多年的实践中，联邦事权范围呈扩大趋势，从原来传统的国防、社保等领域逐渐渗透至教育、卫生和治安等传统的州政府事权范围。政府的支出结构和支出项目是政府事权与支出责任的直接体现。联邦政府在一般性公共服务，社会保障和福利，燃料和能源，农林渔业，矿业、制造业和建筑业，其他经济事务等方面承担着大量的支出责任（见表4-3）。

表 4-3　　2014—2015 财年澳大利亚各级政府财政支出项目

支出项目		联邦政府（含转移支付）	州政府	地方政府
一般性公共服务	金额（百元澳元）	22 482	7 056	5 789
	占总支出的比重（%）	5.37	3.06	17.21
国防	金额（百元澳元）	23 516	-	-
	占总支出的比重（%）	5.62	-	-
公共秩序和安全	金额（百元澳元）	4 448	22 810	825
	占总支出的比重（%）	1.06	9.88	2.45
教育	金额（百元澳元）	31 375	56 084	173
	占总支出的比重（%）	7.49	24.30	0.51
医疗	金额（百元澳元）	65 797	62 982	417
	占总支出的比重（%）	15.72	27.29	1.24
社会保障和福利	金额（百元澳元）	147 319	17 375	1 759
	占总支出的比重（%）	35.19	7.53	5.23
住房和社区便利设施	金额（百元澳元）	6 555	10 332	7 991
	占总支出的比重（%）	1.57	4.48	23.75
娱乐和文化	金额（百元澳元）	3 524	4 424	5 304
	占总支出的比重（%）	0.84	1.92	15.77
燃料和能源	金额（百元澳元）	6 546	1 578	17
	占总支出的比重（%）	1.56	0.68	0.05
农业、林业和渔业	金额（百元澳元）	2 368	2 376	32
	占总支出的比重（%）	0.57	1.03	0.10
矿业、制造业和建筑业	金额（百元澳元）	3 723	801	342
	占总支出的比重（%）	0.89	0.35	1.02
交通运输	金额（百元澳元）	6 462	24 611	7 580
	占总支出的比重（%）	1.54	10.66	22.53

表4-3(续)

支出项目		联邦政府（含转移支付）	州政府	地方政府
其他经济事务	金额（百元澳元）	10 050	3 779	1 204
	占总支出的比重（%）	2.40	1.64	3.58
退休金名义利息	金额（百元澳元）	8 999	5 008	-
	占总支出的比重（%）	2.15	2.17	-
公债	金额（百元澳元）	15 163	7 898	730
	占总支出的比重（%）	3.62	3.42	2.17
其他用途	金额（百元澳元）	60 332	3 675	1 477
	占总支出的比重（%）	14.41	1.59	4.39
总支出	金额（百元澳元）	418 659	230 791	33 640
	占总支出的比重（%）	100	100	100

数据来源：根据澳大利亚统计局网站（http://www.abs.gov.au/）的数据计算整理。

由图4-2可以看出2014—2015财年联邦政府的主要支出责任包括社会保障与福利、医疗卫生、教育、国防，以及维持国家机器运转的一般性公共服务等。联邦政府的首要支出责任就是社会保障与福利。这项支出占全部联邦支出的35.19%。虽然医疗卫生是州和联邦政府的共同支出责任，但医疗卫生支出占全部联邦支出的比例排在第二位，支撑着个人医疗保险补贴、药品与医疗服务支出以及防疫等医疗卫生支出项目。联邦政府对教育的投入主要集中在高等教育，同时还包括对州负责的基础与中等教育提供一定支持。这些教育支出在全部联邦支出中所占比重大约在7.49%。国防支出完全由联邦政府承担，占到联邦总支出的5.62%。维持国家机器运转的一般性公共服务仅占联邦总支出的5.37%。联邦政府也有少量的交通运输、住房和社区便利设施支出，两者占联邦政府支出的比例都约为1.5%。包括燃料和能源，农业、林业和渔业，矿业、制造业和建筑业以及其他经济事务在内的经济性支出仅占联邦总支出的5.42%，说明联邦政府承担的经济建设职能相对较少，政府对经济事务的直接参与比较有限。

由图4-3可知，2014—2015财年，州政府的主要事权和支出责任有公共秩序和安全、教育、医疗、住房和社区便利设施、交通运输等。①医疗。医疗支出是州政府的第一大支出。2014—2015 财年，该项支出占州政府总支出的 27.29%。医疗支出主要用于医疗体系建设、社区医疗服务和药物开发。②教育。2014—2015 财年，教育支出占州政府总支出的 24.3%，是州政府的第二大支出项目。州政府的教育支出主要花费在基础和中等教育上，同时也有在高等教育、职业技术教育、第三级教育上的少量支出。③交通运输。2014—2015 财年，交通运输支出占州政府总支出的 10.66%，是州政府的第三大支出项目，主要用在公路运输方面。④公共秩序和安全。2014—2015 财年，公共秩序和安全支出占州政府总支出的 9.88%，是州政府的第四大开支项目，主要用于警务、消防、法庭、监狱等方面。⑤社会保障和福利。州政府的社会保障和福利支出主要用在社会福利事业上。2014—2015 财年，该项支出占州政府支出的 7.53%。⑥住房和社区便利设施。州政府的住房和社区便利设施支出主要用在对建设发展的支持上。2014—2015 财年，该项支出占州政府支出的 4.48%。⑦一般性公共服务。由于州政府机构精简，一般性公共服务支出占州政府支出的 3%左右，行政成本比较低。州政府用在燃料和能源，农业、林业和渔业，矿业、制造业和建筑业，以及其他经济事务等方面的经济性支出仅占州政府支出的 3.7%。与联邦政府类似，州政府对经济事务的直接介入程度较低。

地方政府只负责一些本地事物，具体包括地方道路、公园、公共图书馆、地方交通、供水、排污与排水、社会保健、住房与社区环境、地方文化设施以及消防服务等与居民生活息息相关的服务项目，以及进行必要的经济建设。如图4-4 所示，2014—2015 财年澳大利亚地方政府约八成的支出主要花费在以下五个方面：①住房和社区便利设施。地方政府提供住房和社区便利设施的职能主要包括一般社区住宅服务，特殊需求者的施区便利设施服务，为议会雇员提供住房，为城市发展制订新的子规划（如制订区域法律、土地开发法律及其他土地使用规划）。2014—2015 财年，住房和社区便利设施支出占地方政府总支出的 23.75%，是地方政府的第一大支出。②交通运输。地方政府的交通运输支出主要用于道路和桥梁的建造和维护。2014—2015 财年，该项支出占地方政府总支出的 22.53%。③一般性公共服务。地方政府的一般性公共服务支出主要用于议会成员和工作人员的相关支出（包括退休金）、政府的行政管理费等。2014—2015 财年，该项支出占地方政府总支出的 17.21%。④娱乐和文化。地方政府提供娱乐和文化支出主要用于诸如公共娱乐中心、市政中心、游泳池及更衣室、图书馆、博物馆等各种娱乐和文化场所的建设维护。2014—2015 财年，该项支出占地方政府总支出的 15.77%。⑤福利事业。地方政府提供的社会福利主要包括托儿所、照管中心、老年市民服务中心、残疾人服务设施、为老年人提供诸如家庭护理等服务。2014—2015 财年，地方政府社会福利性支出占地方政府总支出的 5.23%。由此可以看出，地方政府支出主要集中在住房和社区便利设施、娱乐和文化、交通、社会福利等与辖区居民生活紧密的公共服务项目上，以及政府行政机构运转的一般性公共服务方面。地方政府在农业、林业和渔业，矿业、制造业和建筑业，燃料和能源，以及其他经济事务等方面的经济性支出占地方政府支出的 4.75%。地方政府直接从事的经济事务比较少。

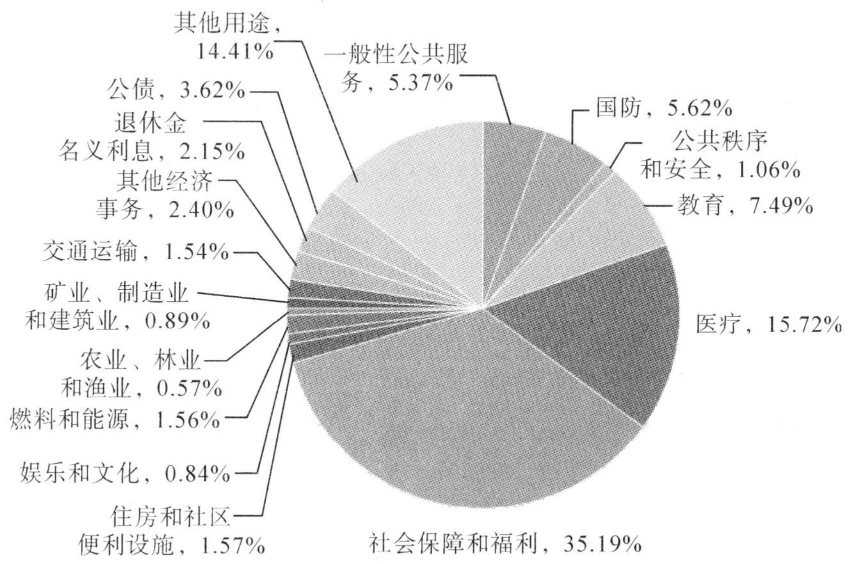

图 4-2　2014—2015 财年澳大利亚联邦政府财政支出结构

数据来源：根据澳大利亚统计局网站（http：//www. abs. gov. au/）的数据计算整理。

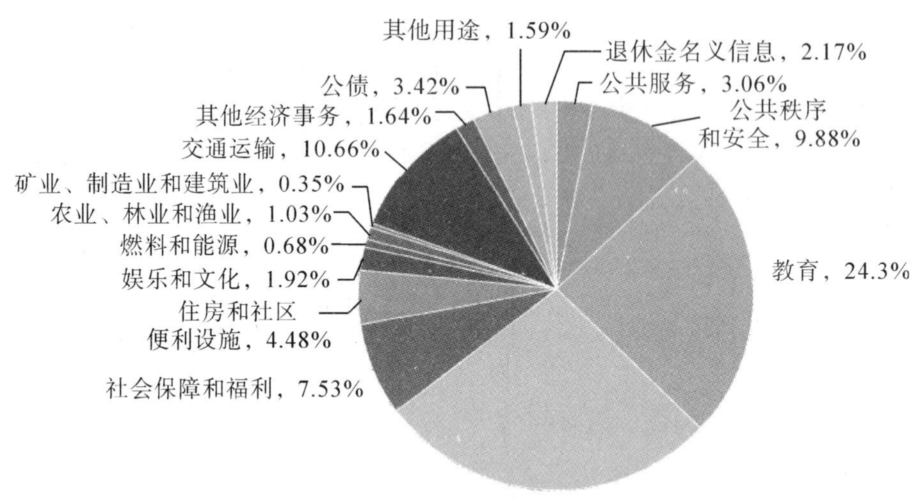

图 4-3　2014—2015 财年澳大利亚州政府财政支出结构

数据来源：根据澳大利亚统计局网站（http：//www. abs. gov. au/）的数据计算整理。

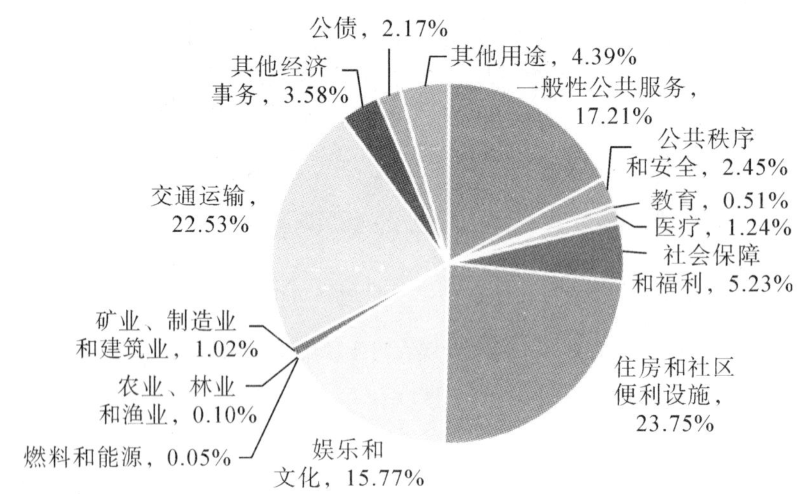

图 4-4　2014—2015 财年澳大利亚地方政府财政支出结构

数据来源：根据澳大利亚统计局网站（http：//www. abs. gov. au/）的数据计算整理。

二、 澳大利亚政府间财政收入和税收划分

（一）地方政府的财政收入概述

公共服务的提供和财政支出的实现需要政府财力的保证。由表 4-4 可知，1998—1999 财年，澳大利亚三级政府的直接财政收入为 2 193.53 亿澳元，占 GDP 的 22.71%；2014—2015 财年，澳大利亚三级政府的直接财政收入达到 5 390.73亿澳元，占 GDP 的 34.02%。从直接财政收入占 GDP 的比例来看，澳大利亚直接财政收入规模低于大多数发达国家。

在联邦、州和地方三级政府中，联邦直接财政收入与州和地方政府收入合计之比约为 7 ∶ 3，联邦财政收入占财政总收入的比重较大。由表 4-5 可知，2014—2015 财年，联邦、州和地方政府直接财政收入分别占总收入的 69.16%、24.12%和 6.72%，而同年联邦政府、州政府和地方政府的财政支出分别占总支出的 54.37%、39.82%和 5.80%。澳大利亚政府间财政收支的不对应反映了其财政的纵向不平衡，州政府的支出对联邦政府的转移支付有较高的依赖。与州政府相比，由于地方政府的事权和支出责任有限，因此其对上级政府的转移支付依赖性较小。2014—2015 财年，联邦对州和地方政府的转移支付占联邦财政支出的 24.7%，联邦转移支付占州和地方政府财政总支出的 39.15%。联邦转移支付包括一般性转移支付与专项转移支付两大类。2014—2015 财年，一般性转移支付占联邦转移支付的 46.41%，专项转移支付占联邦转移支付的 53.59%。一般性转移支付主要来自联邦政府征收的商品与服务税（GST），联邦政府不使用此项税收收入。商品与服务税由联邦拨款委员会（CGC）按照均等化原则，在权衡各州收入能力和支出需求的基础上分配给各州使用。专项转移支付包括向州和地方政府的卫生、教育、技术和劳动力发展、社区服务、住宅、本土事务、基础设施和环境方面的转移支付，其拨付由教育、卫生等具体职能部门负责，按照不同的政策依据分配。专项转移支付具体包括关键领域的国家专项转移支付（National SPPs）、国家医疗改革基金（National Health Reform funding）、学生基金（Students First funding）、国家合作支付（National Partnership payments）四类。

表 4-4　1998—2015 财年澳大利亚联邦、州和地方政府的直接财政收入情况

财政年度	联邦政府（百万澳元）	州政府（百万澳元）	地方政府（百万澳元）	总收入（百万澳元）	总收入占 GDP 的比重（%）
1998—1999	148 523	58 241	12 589	219 353	22. 71
1999—2000	159 152	59 011	13 739	231 902	22. 86
2000—2001	181 871	54 610	14 423	250 904	23. 81
2001—2002	184 204	55 570	15 282	255 056	23. 75
2002—2003	201 478	59 922	16 229	277 629	24. 89
2003—2004	216 408	64 144	17 306	297 858	25. 91
2004—2005	237 091	67 449	18 598	323 138	26. 99
2005—2006	253 930	73 459	20 754	348 143	28. 17
2006—2007	271 135	81 813	22 950	375 898	29. 54
2007—2008	295 507	88 208	24 274	407 989	30. 90
2008—2009	290 432	92 808	26 105	409 345	29. 89
2009—2010	281 041	105 333	29 153	415 527	29. 80
2010—2011	302 913	110 349	29 967	443 229	31. 16
2011—2012	332 251	117 432	31 420	481 103	33. 04
2012—2013	355 193	113 909	33 828	502 930	33. 33
2013—2014	367 914	125 975	35 229	529 118	34. 23
2014—2015	372 818	130 045	36 210	539 073	34. 02

数据来源：根据澳大利亚统计局网站（http：//www. abs. gov. au/）的数据计算整理。

表 4-5　1998—2015 财年澳大利亚各级政府直接财政收入占总收入的比重

财政年度	联邦政府（%）	州直接政府（%）	地方政府（%）
1998—1999	67. 71	26. 55	5. 74
1999—2000	68. 63	25. 45	5. 92
2000—2001	72. 49	21. 77	5. 75
2001—2002	72. 22	21. 79	5. 99

表4-5(续)

财政年度	联邦政府（%）	州直接政府（%）	地方政府（%）
2002—2003	72.57	21.58	5.85
2003—2004	72.65	21.54	5.81
2004—2005	73.37	20.87	5.76
2005—2006	72.94	21.10	5.96
2006—2007	72.13	21.76	6.11
2007—2008	72.43	21.62	5.95
2008—2009	70.95	22.67	6.38
2009—2010	67.63	25.35	7.02
2010—2011	68.34	24.90	6.76
2011—2012	69.06	24.41	6.53
2012—2013	70.62	22.65	6.73
2013—2014	69.53	23.81	6.66
2014—2015	69.16	24.12	6.72

数据来源：根据澳大利亚统计局网站（http：//www.abs.gov.au/）的数据计算整理。

（二）联邦、州和地方政府的财政收入构成及税权划分

澳大利亚宪法赋予联邦政府财政收入的权力，使得联邦政府拥有完整的收入获得权、分配权和使用权。2014—2015 财年，澳大利亚各级政府财政收入项目如表 4-6 所示。澳大利亚联邦政府的直接收入主要包括税收、提供商品或服务的收入和其他非税收入等。2014—2015 财年，联邦税收收入约占联邦直接总收入的 95.87%，因而其非税收入所占比重较小。个人所得税、公司所得税、商品劳务税和消费税是联邦政府的重要税收来源。其中，个人所得税占联邦直接收入的 48.01%、公司所得税占联邦直接收入的 18.157%、商品和劳务税（GST）占联邦直接收入的 15.145%，消费税占联邦直接收入的 6.543%（如图 4-5）。

无论是从收入获得权、支配权还是征管权来看，各州都越来越多地受到联邦政府的限制和约束。州政府的直接收入主要包括税费收入、提供商品或服务的收入和其他收入等非税收入。州政府的税费收入主要包括工薪税、财产转让及其他

印花税、机动车税、土地税和博彩税等。2014—2015 财年，在州直接收入中，工薪税占 17.11%、财产转让及其他印花税占 14.72%、机动车税占 7.28%、土地税占 5.13%、博彩税占 4.42%（如图 4-6）。与联邦政府相比，州政府的非税收入（提供商品或服务的收入和其他收入）地位比联邦政府高得多，占州政府直接财政收入的 43.38%。

地方政府的直接收入主要包括市政税（唯一的税费收入）、提供商品或服务的收入和其他收入。地方政府的市政税，占地方直接收入的 43.58%（如图 4-7）。与联邦政府和州政府相比，地方政府的财权和财力都非常有限，虽然依法享有对税率的调整权，但每次调整都要经过州政府严格的审批过程。此外，地方政府的非税收入比重均高于州政府与联邦政府。2014—2015 财年，地方政府提供商品或服务的收入和其他收入占到地方本级收入的 56.42%，因而非税收入在地方政府收入中的地位相当重要。澳大利亚各级政府的非税收入，全部上缴财政统一账户，纳入预算管理。

表 4-6　　2014—2015 财年澳大利亚各级政府财政收入项目　单位：百万澳元

收入项目	联邦政府	州政府	地方政府	总计
总税收收入	357 406	73 640	15 779	446 825
所得税类	258 605	–	–	258 605
向个人征收的税	183 383	–	–	183 383
个人所得税	178 990	–	–	178 990
员工福利税	4 393	–	–	4 393
向企业征收的税	73 573	–	–	73 573
公司所得税	67 692	–	–	67 692
养老基金缴纳的所得税	5 881	–	–	5 881
向非居民征收的税	1 649	–	–	1 649
股息预扣税	167	–	–	167
利息预扣税	1 482	–	–	1 482
雇主工薪税类	735	22 250	–	22 985
退职金担保税	735	–	–	735
工薪税	–	22 250	–	22 250
财产税类	15	29 465	15 779	45 259

表4-6(续)

收入项目	联邦政府	州政府	地方政府	总计
不动产税	–	9 283	–	9 283
土地税	–	6 674	–	6 674
市政税	–	376	15 779	16 155
其他	–	2 233	–	2 233
金融资本交易税	–	20 183	–	20 183
政府举债担保税	15	1 036	–	1 051
财产（不动产和商业资产）转让印花税	–	18 422	–	18 422
其他印花税	–	725	–	725
提供产品和服务税类	93 120	11 104	–	104 224
一般税（销售税）	1 368	–	–	1 368
商品和劳务税	56 462	–	–	56 462
消费税	24 394	112	–	24 506
原油和液化石油气	17 590	–	–	17 590
其他	6 097	–	–	6 097
农业生产税	498	–	–	498
法定股东公司税	209	112	–	321
国际贸易税	10 896	–	–	10 896
博彩税	–	5 754	–	5 754
政府彩票税	–	772	–	772
私人彩票税	–	498	–	498
博彩机税	–	3 457	–	3 457
娱乐场所税	–	689	–	689
比赛打赌税	–	290	–	290
其他	–	48	–	48
保险税	–	5 239	–	5 239
保险公司对消防队的捐赠款	–	739	–	739
第三方保险税	–	501	–	501
其他	–	3 999	–	3 999

表4-6(续)

收入项目	联邦政府	州政府	地方政府	总计
产品使用和经营活动税	4 932	10 820	-	15 752
机动车税	-	9 463	-	9 463
车辆登记印花税	-	2 588	-	2 588
其他	-	6 876	-	6 876
专卖税	-	23	-	23
酒精专卖税	-	23	-	23
其他	-	1 334	-	1 334
提供商品或服务的收入	8 307	22 857	11 221	42 385
其他收入	7 105	33 548	9 210	49 863
直接总收入	372 818	130 045	36 210	539 073
利息收入	8 630	4 374	849	13 853

数据来源：根据澳大利亚统计局网站（http：//www. abs. gov. au/）的数据计算整理。

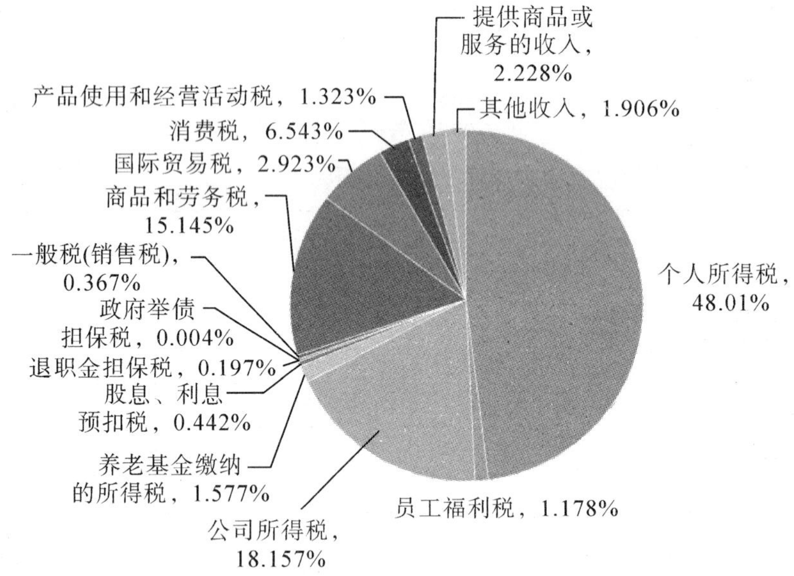

图 4-5　2014—2015 财年澳大利亚联邦政府直接收入结构

数据来源：根据澳大利亚统计局网站（http：//www. abs. gov. au/）的数据计算整理。

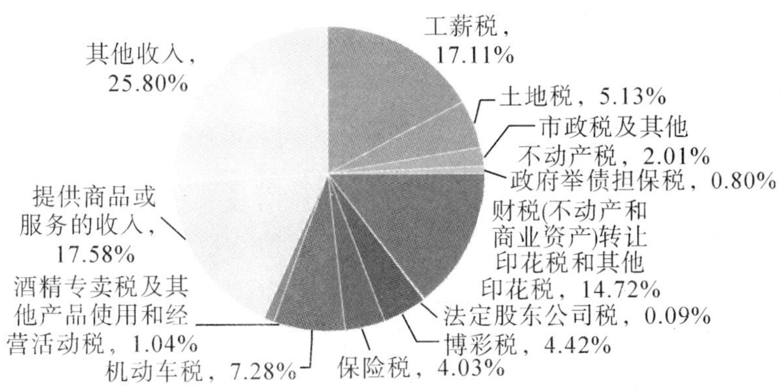

图 4-6 2014—2015 财年澳大利亚州政府直接收入结构

数据来源：根据澳大利亚统计局网站（http：//www. abs. gov. au/）的数据计算整理。

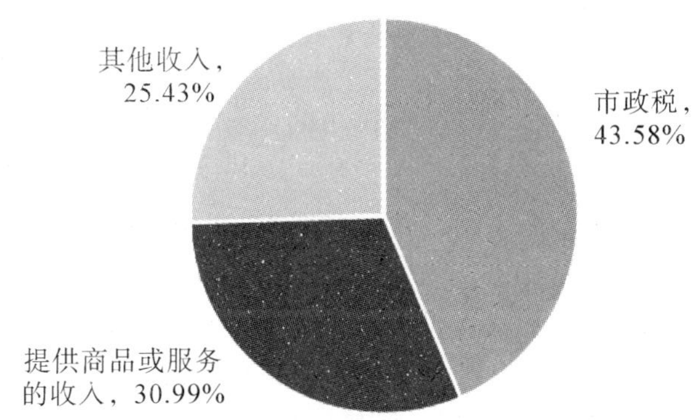

图 4-7 2014—2015 财年澳大利亚地方政府直接收入结构

数据来源：根据澳大利亚统计局网站（http：//www. abs. gov. au/）的数据计算整理。

澳大利亚实行彻底的分税制，实行联邦、州和地方三级课税制度。各级政府都有自己的税收管理权，并根据各自事权的划分自行征收各自的税费，彼此之间不存在共享税。税收立法权和征收权主要集中在联邦。税收不仅是澳大利亚国家财政的主体财源，同时也是决定联邦政府与州政府及地方政府财政分配关系的重要因素。联邦税收主要包括所得税、商品劳务税、消费税和国际贸易税等；州税收由于法律不同，税种不尽相同，主要包括工薪税、印花税、土地税、博彩税等；地方政府的税收种类和规模不大，主要是各地根据实际情况自定的小税种——市政税和一些服务性收费项目，如水费、电费、服务费以及土地使用费等。

联邦政府的税收收入占全国总税收收入的近八成，而州和地方的税收仅占两成。

（三）州与地方政府的主要税种

1. 工薪税

工薪税是对雇主或雇员征收的税，通常按照雇主支付给雇员工薪的一定百分比计算。工薪税通常分成两种类型：雇员工薪的扣除和雇主基于雇员工薪的缴税。对于第一种类型的税，雇主需要从雇员工薪中代扣，经常被称为代扣所得税，通常涉及所得税、社会保险税和各种保险（如失业保险和残疾保险）的预扣。第二种类型的税则是由雇主用自有资金自己支付，与雇佣工人直接相关。

目前，澳大利亚的联邦政府征收的是第一种类型的工薪税，即代扣个人所得税。2014—2015 财年，个人所得税收入占联邦直接收入的 48.01%，是联邦政府最大的税收来源。第二种类型的工薪税则是澳大利亚州政府征收的主体税种，也是州政府最重要的税收来源，2014—2015 财年占州直接收入的 17.29%。这类工薪税属于一般目的税，这里的“工薪”，指的是对雇员和董事的现金或非现金支付，以及对他们提供的福利，同时也包括对雇员和董事的家庭成员的支付和提供的福利。一般来说，工薪税会存入州统一基金来支付诸如教育、健康、公共安全和法律秩序方面的花费。

目前，澳大利亚的各州和特区都征收工薪税，然而各州和特区的工薪税有许多不同。在这些差别之中，最重要的是从 4.75% 到 6.85% 的不等的税率和 550 000~1 850 000澳元的年免税额。就目前各州的税率而言，首都特区的税率最高，为 6.85%；昆士兰的税率最低，为 4.75%。就各州免税额而言，首都特区的免税额也是最高的，年免税额为 1 850 000 澳元，月免税额为 154 166.66 澳元；而免税额最低的则是维多利亚，年免税额为 550 000 澳元，月免税额为45 883澳元。此外，新南威尔士和塔斯马尼亚的月免税额根据月份天数的不同（29 天/30 天/31 天）有三档免税额，如表 4-7 所示。西澳大利亚自 2015 年 7 月 1 日设立了免税扣除的新规定：对应税工薪支出超过 7 500 000 澳元的部分要全额计征工薪税，而对 80 000 澳元~7 500 000 澳元的免税额扣除会随着应税工薪支出的增长而按照一定比例减少。

各州和特区一直在工薪税征收管理方面做出协调和让步，以缩小地区间差异，实现各州和特区税收法律的协调，简化各州之间的工薪税征收管理流程。各州和特区在纳税申报时间、机动车津贴、食宿津贴、一系列附加福利、所属管辖区外的工作、雇员股权收购计划、非在职董事的退休金补助、商业集团八个关键领域的工薪税征管工作做出了协调，而在除上述关键领域的其他领域仍然存在税收征管上的差异。自 2007 年以来，随着昆士兰引进关键领域的协调协议来修订其现行法律，除西澳大利亚的其余六个州和特区也颁布了修改后的工薪税法律。西澳大利亚则于 2012 年 7 月 1 日在其工薪税法中颁布了相同的统一规定。除了进行法律上的协调统一，各州和特区也开始致力于征管的一致性，最终建立了部分税收裁定内容的协调。各州和特区的税收裁定在以下几个方面的内容达成了协调：津贴和偿还、机动车和食宿津贴免税、产假支付免税、集团公司的专业实践和管理（Grouping of Professional Practices and Administration Businesses）、商品劳务税在工薪税计算方面的注意事项、亲职假、工薪税体系规定（Nexus Provisions）、解雇支付、工资补助、代员工支付的赔偿、关于承包商的日工作组成。

表 4-7　　2015—2016 财年澳大利亚州政府工薪税税率与免征额

州或特区	州税率（%）	年免税额（澳元）	月免税额（澳元）
西澳大利亚	5. 5	800 000	66 667
南澳大利亚	4. 95	600 000	50 000
昆士兰	4. 75	1 100 000	91 666
新南威尔士	5. 45	750 000	59 426/61 475/63 525
维多利亚	4. 85	550 000	45 883
塔斯马尼亚	6. 1	1 250 000	99 044/102 459/105 874
北方特区	5. 5	1 500 000	125 000
首都特区	6. 85	1 850 000	154 166. 66

资料来源：澳大利亚工薪税网站（http：//www. payrolltax. gov. au/）。

2. 财产（不动产和商业资产）转让印花税

2014—2015 财年，财产（不动产和商业资产）转让印花税收入占州直接收入的 14. 31%，是州政府的主要收入来源。财产转让印花税一般建立在两大因素之上——该资产的市场价值和该资产的实际交易价格。财产转让印花税的纳税人为购买者或受让者。当财产转让的行为发生或转让合同生效时，财产转让的印花税就产生了。财产转让印花税的计税依据为转让价格，在特定情况下可以申请减免。州和特区政府的这类税收一般用来满足如教育、健康、法律、秩序和公共安全方面的基础公共服务支出需要。财产转让印花税由各州和特区政府自行管理和征收，并且正处于一个逐步改革的阶段。

对于不动产转让的印花税，其转让对象包括房屋、土地及其改进物或者商业楼宇。对于第一次购房者，政府都会给予一定的优惠。一般来说，各州和特区都是根据交易价格或市场价值孰高原则计征印花税。除北方特区外，各州和特区的财产转让印花税都使用超额累进税率，税率随着应税价值的提高而提高。北方特区针对转让印花税实行的是全额累进税率。对不超过 525 000 澳元的财产转让，设置了一个应纳税款公式：应纳税款＝（$0.065\ 714\ 41\times V^2$）$+15V$。V 为应税价格÷1 000。应税价格在 525 000～3 000 000 澳元和 3 000 000 澳元以上的分别适用 4.95%和 5.4%的税率。首都特区和维多利亚分别针对应税价格超过1 455 000 澳元和 960 000 澳元的财产转让全额征税。各州和特区大多没有免税额，仅昆士兰设立了 5 000 澳元的免税额。新南威尔士对超过 3 000 000 澳元的居住用地转让还设置了附加税（见表 4-8）。西澳大利亚针对转让印花税，设置了一般税率、居住用地转让税率、优惠税率、第一次购房优惠税率。对于故人的房产转移、配偶间的财产转移、家庭农场转让、青年农民第一次购买农场、公司合并和重组的财产转让、对慈善机构的财产转让等都有印花税的减免优惠。

商业资产转让印花税的课税对象是指作为商业的组成部分的所有转让的资产，具体可能包括工厂、设备、存货、债务、固定装置、批租土地权益、商誉、公司名称、法定许可证、商标和版权等。这类印花税可以选择市价或实际交易价来计征，但遵循孰高原则，并使用从价的印花税税率。

2008 年 7 月 1 日，塔斯马尼亚和南澳大利亚废除了商誉和非实体商业资产（non-real business）转让的印花税。2010 年 6 月 30 日，首都特区对非上市可出售证券交易不再征收印花税。在新南威尔士，与商业资产转让和可出售证券的转让以及信托声明有关的印花税将于 2016 年 7 月 1 日被废除。2015 年 6 月 18 日，南澳大利亚废除非上市可出售证券交易和非房地产交易的印花税征收。从 2016 年 7 月 1 日开始，除住宅用途和基础生产用途外的土地转让涉及的印花税将在三年内被逐步废除。这类土地主要包括商用、工用、闲置、公共机构、公共设施、娱乐、采矿采石用地。从 2016 年 7 月 1 日开始，印花税税率会降低三分之一，到 2017 年 7 月 1 日再降低三分之一，在 2018 年 7 月 1 日完全废除印花税。住宅用地和基础生产用地的转让印花税将保持不变。

表 4-8 2016—2017 财年澳大利亚各州和特区财产转让印花税应纳税款

州或特区	应税价格（澳元）	应纳税款
新南威尔士	0~14 000	应税价格每 100 澳元的部分缴纳 1.25 澳元
	14 001~30 000	175 澳元加上应税价格超过 14 000 澳元的部分每 100 澳元缴纳 1.50 澳元
	30 001~80 000	415 澳元加上应税价格超过 30 000 澳元的部分每 100 澳元缴纳 1.75 澳元
	80 001~300 000	1 290 澳元加上应税价格超过 80 000 澳元的部分每 100 澳元缴纳 3.50 澳元
	300 001~1 000 000	8 990 澳元加上应税价格超过 300 000 澳元的部分每 100 澳元缴纳 4.50 澳元
	1 000 000 以上	40 490 澳元加上应税价格超过 1 000 000 澳元的部分每 100 澳元缴纳 5.50 澳元
	3 000 000 以上（仅针对居住用地）	21 330 澳元加上应税价格超过 3 000 000 澳元的部分附加财产税每 100 澳元缴纳 5.50 澳元
首都特区	0~200 000	20 澳元或应税价格每 100 澳元的部分缴纳 1.80 澳元
	200 001~300 000	3 600 澳元加上应税价格超过 200 000 澳元的部分每 100 澳元缴纳 3.00 澳元
	300 001~500 000	6 600 澳元加上应税价格超过 300 000 澳元的部分每 100 澳元缴纳 4.00 澳元
	500 001~750 000	14 600 澳元加上应税价格超过 500 000 澳元的部分每 100 澳元缴纳 5.00 澳元
	750 001~1 000 000	27 100 澳元加上应税价格超过 750 000 澳元的部分每 100 澳元缴纳 6.50 澳元
	1 000 001~1 455 000	43 350 澳元加上应税价格超过 1 000 000 澳元的部分每 100 澳元缴纳 7.00 澳元
	1 455 000 以上	对全部的应税价格按每 100 澳元缴纳 5.17 澳元

表4-8(续)

州或特区	应税价格（澳元）	应纳税款
维多利亚	0～25 000	应税价格的 1.4%
	25 001～130 000	350 澳元加上应税价格超过 25 000 澳元部分的 2.4%
	130 001～960 000	2 870 澳元加上应税价格超过 130 000 澳元部分的 6%
	960 000 以上	应税价格的 5.5%
南澳大利亚	0～12 000	应税价格每 100 澳元的部分缴纳 1.00 澳元
	12 001～30 000	120 澳元加上应税价格超过 12 000 澳元的部分每 100 澳元缴纳 2.00 澳元
	30 001～50 000	480 澳元加上应税价格超过 30 000 澳元的部分每 100 澳元缴纳 3.00 澳元
	50 001～100 000	1 080 澳元加上应税价格超过 50 000 澳元的部分每 100 澳元缴纳 3.50 澳元
	100 001～200 000	2 830 澳元加上应税价格超过 100 000 澳元的部分每 100 澳元缴纳 4.00 澳元
	200 001～250 000	6 830 澳元加上应税价格超过 200 000 澳元的部分每 100 澳元缴纳 4.25 澳元
	250 001～300 000	8 955 澳元加上应税价格超过 250 000 澳元的部分每 100 澳元缴纳 4.75 澳元
	300 001～500 000	11 330 澳元加上应税价格超过 300 000 澳元的部分每 100 澳元缴纳 5.00 澳元
	500 000 以上	21 330 澳元加上应税价格超过 500 000 澳元的部分每 100 澳元缴纳 5.50 澳元
昆士兰	0～5 000	不需缴税
	5 001～75 000	应税价格超过 5 000 澳元的部分每 100 澳元缴纳 1.50 澳元
	75 001～540 000	1 050 澳元加上应税价格超过 75 000 澳元的部分每 100 澳元缴纳 3.50 澳元
	540 001～1 000 000	17 325 澳元加上应税价格超过 540 000 澳元的部分每 100 澳元缴纳 4.50 澳元
	1 000 000 以上	38 025 澳元加上应税价格超过 1 000 000 澳元的部分每 100 澳元缴纳 5.75 澳元

表4-8（续）

州或特区	应税价格（澳元）	应纳税款
塔斯马尼亚	0~3 000	50 澳元
	3 001~25 000	50 澳元加上应税价格超过 3 000 澳元的部分每 100 澳元缴纳 1.75 澳元
	25 001~75 000	435 澳元加上应税价格超过 25 000 澳元的部分每 100 澳元缴纳 2.25 澳元
	75 001~200 000	1 560 澳元加上应税价格超过 75 000 澳元的部分每 100 澳元缴纳 3.50 澳元
	200 001~375 000	5 935 澳元加上应税价格超过 200 000 澳元的部分每 100 澳元缴纳 4.00 澳元
	375 001~725 000	12 935 澳元加上应税价格超过 375 000 澳元的部分每 100 澳元缴纳 4.25 澳元
	725 000 以上	27 810 澳元加上应税价格超过 725 000 澳元的部分每 100 澳元缴纳 4.50 澳元
西澳大利亚	0~80 000	应税价格每 100 澳元的部分缴纳 1.90 澳元
	80 001~100 000	1 520 澳元加上应税价格超过 80 000 澳元的部分每 100 澳元缴纳 2.85 澳元
	100 001~250 000	2 090 澳元加上应税价格超过 100 000 澳元的部分每 100 澳元缴纳 3.80 澳元
	250 001~500 000	7 790 澳元加上应税价格超过 250 000 澳元的部分每 100 澳元缴纳 4.75 澳元
	500 000 以上	19 665 澳元加上应税价格超过 500 000 澳元的部分每 100 澳元缴纳 5.15 澳元
北方特区	0~525 000	$(0.06571441 \times V^2) + 15V$
	525 001~3 000 000	应税价格的 4.95%
	3 000 000 以上	应税价格的 5.4%

注：①应税价格不足 100 澳元的按 100 澳元计算；②V=应税价格÷1 000。

数据来源：澳大利亚各州和特区财政部官方网站。

3. 车辆登记和转让印花税

2014—2015 财年，机动车注册和转让的印花税占州直接收入的 7.35%，是州政府财政收入来源的重要组成部分。机动车登记证书的发放或者转让应缴纳印花税，纳税人是申请注册或转移的登记证书的一方，在注册或转移生效的时候产生纳税义务。车辆买方需要申报机动车的售价和市场价，车辆卖方需要申报售价。根据售价和市场价孰高原则，在双方无关联关系的正常公平交易下，以售价（包含配件和商品劳务税）为计税价格，否则应该以市场价格为计税价格。售价是包含已付订金、旧货换新的折扣、运费、附加设备和配件的价格。如果买方协商了商业折扣价或者机动车不缴纳商品劳务税，应税价格为协商价。

各州和特区设置的关于机动车注册和转让的印花税税率不同。首都特区是根据汽车尾气中二氧化碳的排放量来对机动车进行分级，进而征收车辆登记印花税（见表 4-9 和表 4-10）。首都特区推出的车辆节能减排计划，能使道路运输局基于联邦政府的“绿色汽车指引”规定来决定市场上每辆新车的适用税率。在这个计划下，所有的新（未登记过的）轻型车辆都要接受一个基于二氧化碳排放量的“A、B、C、D”的性能评级，然后根据评定等级来决定纳税人应该缴纳哪一档车辆登记印花税。在此基础上，根据车辆价值又划分为两套税率。现在已登记过的、以前登记过的（包括摩托车）或在“绿色汽车指引”规定下未参加评级的机动车则统一适用 C 等级汽车的税率。“车辆节能减排计划”的意义在于通过不同的税率减少了交通方面的二氧化碳排放成本以及新型低排量汽车的使用成本。

除了新南威尔士和北方特区，其余州和特区都根据机动车的类型和用途分别设置了不同税率。西澳大利亚根据机动车总重量对机动车分类，再根据机动车的应税价格适用不同税率（见表 4-11）。南澳大利亚根据机动车类型（商用或非商用）对机动车进行分类，再根据机动车的应税价格适用不同税率（见表 4-12）。昆士兰根据机动车气缸数量等汽车构件对机动车进行分类，再根据机动车的应税价格适用不同税率（见表 4-13）。维多利亚根据机动车的登记状态和用途（客运或非客运）对机动车进行分类，再根据机动车的应税价格适用不同税率（见表 4-14）。

塔斯马尼亚的机动车分类则相对复杂。这里的机动车主要分为三种类型，分别是：以厂商折扣价购买的新车、客运车、商用车。它们分别适用各自的税率。以厂商折扣价购买的除重型车辆以外的新机动车，应纳税款为每 100 澳元缴纳 3.5 澳元，最少缴纳 20 澳元。包括司机在内承载 9 人的客运车辆的应纳税款如表 4-15 所示。这部分客运车辆还包括非多用途越野车辆，但不包括摩托车、多用途车、厢式车和 9 座以上客运车。总重量超过 4.5 吨的重型车辆（不包括露营拖车）按应税价格每100澳元的部分缴纳1澳元，最少缴纳20澳元。而总重量在4.5吨及以下的其他商用车辆（如多用途车、厢式车和公交车）和摩托车则按应税价格每100澳元的部分缴纳3澳元，最少缴纳20澳元。自2013年7月1日起，塔斯马尼亚废除了房车和露营拖车的登记和转让印花税。

表4-9 首都特区“车辆节能减排计划”下的车辆性能评级

性能评级	类型	每千米的二氧化碳排放量（克）
A	环保顶尖型	0~130
B	平均水平之上的环保性能型	131~175
C	平均水平的环保性能型	176~220
D	平均水平之下的环保性能型	220以上

表4-10 《1999印花税法》s208（1）和s208（2）部分车辆性能评级的应纳税款

《1999印花税法》s208（1）部分的价值在45 000澳元及以下的车辆性能评级	应纳税款
A级车	不需缴税
B级车	机动车应税价值每100澳元的部分缴纳1澳元
C级车及未评级车	机动车应税价值每100澳元的部分缴纳3澳元
D级车	机动车应税价值每100澳元的部分缴纳4澳元
《1999印花税法》s208（2）（a）部分的价值在45 000澳元以上的车辆性能评级	应纳税款
A级车	不需缴税
B级车	450澳元加上机动车应税价格超过45 000澳元的部分每100澳元缴纳2澳元
C级车及未评级车	1 350澳元加上机动车应税价格超过45 000澳元的部分每100澳元缴纳5澳元
D级车	1 800澳元加上机动车应税价格超过45 000澳元的部分每100澳元缴纳6澳元

注：①机动车应税价值不足100澳元的按100澳元计算；②应纳税款也可以是《1999税收征管法》第139部分规定下的其他数额。

数据来源：首都特区官方收入局网站（http://www.revenue.act.gov.au/）。

表 4-11　　西澳大利亚机动车印花税税率

类型	应税价格（澳元）	税率/税费
总重量低于 4.5 吨（含）的轻型车辆	0~25 000	2.75%
	25 001~50 000	2.75%+[（应税价格-25 000）/6 666.66 /应税价格]%
	50 000 以上	6.50%
总重量超过 4.5 吨的重型车辆	0~400 000	3.00%
	400 000 以上	12 000 澳元

数据来源：西澳大利亚官方财政部网站（http://www.finance.wa.gov.au/cms/State_ Revenue.aspx）。

表 4-12　　南澳大利亚机动车印花税应纳税款

类型	应税价格（澳元）	应纳税款
非商用车	0~1 000	应税价格每 100 澳元的部分缴纳 1 澳元，最低缴纳 5 澳元
	1 001~2 000	10 澳元加应税价格超过 1 000 澳元的部分每 100 澳元缴纳 2 澳元
	2 001~3 000	30 澳元加应税价格超过 2 000 澳元的部分每 100 澳元缴纳 3 澳元
	3 000 以上	60 澳元加应税价格超过 3 000 澳元的部分每 100 澳元缴纳 4 澳元
商用车	0~1 000	应税价格每 100 澳元的部分缴纳 1 澳元，最低缴纳 5 澳元
	1 001~2 000	10 澳元加应税价格超过 1 000 澳元的部分每 100 澳元缴纳 2 澳元
	2 000 以上	30 澳元加应税价格超过 2 000 澳元的部分每 100 澳元缴纳 3 澳元

注：机动车应税价格不足 100 澳元的按 100 澳元计算。

数据来源：南澳大利亚官方财政局网站（http://www.revenuesa.sa.gov.au/）。

表 4-13　　昆士兰机动车印花税应纳税款

类型	应纳税款
混合动力，任何数量的气缸，电动	机动车应税价值每 100 澳元的部分缴纳 2 澳元
1~4 个气缸，2 个发动机轮，蒸汽能	机动车应税价值每 100 澳元的部分缴纳 3 澳元
5 或者 6 个气缸，3 个发动机轮	机动车应税价值每 100 澳元的部分缴纳 3.5 澳元
超过 7 个气缸	机动车应税价值每 100 澳元的部分缴纳 4 澳元
特殊机动车，如铲车、拖拉机、平地机	25 澳元

注：机动车应税价格不足 100 澳元的按 100 澳元计算。

数据来源：昆士兰官方政府网站（http://www.qld.gov.au/）。

表 4-14　　维多利亚机动车印花税应纳税款

<table>
<tr><th rowspan="2">应税价格（澳元）</th><th colspan="2">非以前登记</th><th>以前登记</th></tr>
<tr><th>客运</th><th>非客运</th><th>所有车*</th></tr>
<tr><td>0~63 184</td><td>应税价格每 200 澳元的部分缴纳 6.40 澳元</td><td rowspan="2">应税价格每 200 澳元的部分缴纳 5.40 澳元</td><td rowspan="2">应税价格每 200 澳元的部分缴纳 8.40 澳元</td></tr>
<tr><td>63 184 以上</td><td>应税价格每 200 澳元的部分缴纳 10.40 澳元</td></tr>
</table>

注：①＊不包括以前 LMCT（汽车经销商）登记的客运车，这类车适用税率与非以前登记（新）中的客运车相同；②机动车应税价格不足 200 澳元的按 200 澳元计算。

数据来源：维多利亚官方政府网站（http：//www. sro. vic. gov. au/）。

表 4-15　　塔斯马尼亚 9 座以内客运车辆应纳税款

应税价格（澳元）	应纳税款
0~600	20 澳元
601~35 000	机动车应税价格每 100 澳元的部分缴纳 3 澳元
35 001~40 000	1 050 澳元加上机动车应税价格超过 35 000 澳元的部分每 100 澳元缴纳 11 澳元
40 000 以上	机动车应税价格每 100 澳元的部分缴纳 4 澳元

注：机动车应税价值不足 100 澳元的按 100 澳元计算。

数据来源：塔斯马尼亚官方财政局网站（http：//www. sro. tas. gov. au/）。

4. 土地税

作为地方税，土地税成为各州政府增加财政收入的重要渠道之一。土地税是一种从价税，其计税依据不包括地上和地下的基础设施等附着物的价值，也不是土地所带来的收益，而是土地未加改良的市场价值。纳税人不仅包括土地所有人或占有人，还包括委托的代理人和受益人，具体可以是个人、公司、信托、在外土地拥有者等。一般来说，土地税收入主要用于教育、健康和公共安全之类的公共服务提供。

除了北方特区，其余各州和首都特区都需要缴纳土地税。在一些州，土地税可以申请减免，但这主要看土地的用途。总体来说，有下列用途的土地可以免除土地税：①主要居住用地；②基础生产用地；③宗教、慈善机构等非营利组织用地。澳大利亚的各州都设有专门的土地价值评估机构（Valuer General），负责定期对土地的市场价值进行评估，并且大多数州规定必须在公平的市场交易前提下对土地进行估价。对于土地税的估价，以新南威尔士为例，估价机构会对新南威尔士的所有土地进行评估，在每年 7 月 1 日定下来的估价可以作为将来一年的税收征收标准。这种估价不同于当地政府每三年为征收市政税而进行的简约估价。一块土地的应税价值由土地在当前这一税收年度的价值和其前两年的价值加权平均得出。在维多利亚，土地价值是由市政会或评估机构每两年评估一次。

除了首都特区，各州土地税均实行超额累进税率，由州所在的税收征管机关征收和管理。各州征收土地税的税率大小及级次、免税额和税收优惠都有所不同，一些州每年的土地税的税率和免税额都在变化，如新南威尔士。从表 4-16 可知，各州和特区都有相应的免税额。昆士兰土地税应纳税款仅适用于居住在澳大利亚的个体，而公司、信托人、在外土地拥有人的房地产适用另一套税率。

西澳大利亚除了征收土地税，还在 30 个地方政府的辖区征收大城市地区的附加税（metropolitan region improvement tax，即 MRIT）。大城市地区的附加税是向总的土地价值超过 300 000 澳元（土地税免税额）的有土地税纳税义务的土地征收的，税率为 0. 14%。同一所有者拥有的土地必须加总起来计征土地税和大城市地区附加税。西澳大利亚规定，从 2009 年 7 月起，单个土地未加改进价值的任何增长最大不超过以前年度土地价值的 50%。这有助于减少由于重大的土地价值增长带来的单个土地税和大城市片区附加税的波动性和不可预测的增长。

首都特区的土地税征收区别于其余各州和特区。通常，对于个体而言，首都特区土地税的征税范围仅为被出租的所有住宅房地产。住宅房地产包括公寓、多层住宅、双重场所（dual occupancies）、老奶奶套间（granny flats）。租金可以以现金、服务或者其他等价有偿的方式赚得。首都特区也对信托或公司所有的住宅房地产征收土地税，即使是没有出租的，但建筑或土地开发公司所有的居住用地有资格获得两年的免税。此外，首都特区的土地税计税方法也与其余州和特区有所不同。土地税要求在每个季度（7 月、10 月、1 月、4 月）对所有的应税房地产都要基于其状态（是否出租）进行评估。土地税也将完全按照整个一季的天数来计征，不存在按照（出租）天数与季度天数比例的计征方式。如果已经被出租的住宅房产在应税日内暂时闲置，也会被继续计征土地税，除非该房产会在一个季度季内闲置且所有者告知收入局该房产不会在这个季度内出租。如表4-17所示，土地税是基于房产的一个规定的固定费用（FC）。其计算有一个固定公式：土地税应纳税款=［FC +（AUV ×边际税率）］×（季度天数÷年度天数）。其中，AUV 是指该房产当年及前两年的未改进土地价值的平均值。

近年来，关于土地税的提升和改进也在进行中。从 2012 年 7 月 1 日起，首都特区的商用地产不再征收土地税。2016 年 1 月 1 日，维多利亚规定对在外土地拥有者的土地额外征收 0.5%的土地税。维多利亚 2016—2017 财年的预算案也提到了从 2017 年 1 月 1 日起这个额外的费用将由 0.5%上升到 1.5%。

表 4-16　2016—2017 财年除首都特区外其余各州和特区土地税应纳税款

州和特区	应税价格（澳元）	应纳税款
西澳大利亚	0～300 000	不需缴税
	300 001～420 000	300 澳元
	420 001～1 000 000	300 澳元加上合计计税价格超过 420 000 澳元的部分乘以 0.25%
	1 000 001～1 800 000	1 750 澳元加上合计计税价格超过 1 000 000 澳元的部分乘以 0.90%
	1 800 001～5 000 000	8 950 澳元加上合计计税价格超过 1 800 000 澳元的部分乘以 1.80%
	5 000 001～11 000 000	66 550 澳元加上合计计税价格超过 5 000 000 澳元的部分乘以 2.00%
	11 000 000 以上	186 550 澳元加上合计计税价格超过 11 000 000 澳元的部分乘以 2.67%
维多利亚	0～250 000	不需缴税
	250 001～600 000	275 澳元加上合计计税价格超过 420 000 澳元的部分乘以 0.2%
	600 001～1 000 000	975 澳元加上合计计税价格超过 420 000 澳元的部分乘以 0.5%
	1 000 001～1 800 000	2 975 澳元加上合计计税价格超过 1 000 000 澳元的部分乘以 0.80%
	1 800 001～3 000 000	9 375 澳元加上合计计税价格超过 1 800 000 澳元的部分乘以 1.30%
	3 000 000 以上	24 975 澳元加上合计计税价格超过 3 000 000 澳元的部分乘以 2.25%

表4-16(续)

州和特区	应税价格（澳元）	应纳税款
新南威尔士	0~482 000	不需缴税
	482 001~2 947 000	100 澳元加上合计计税价格超过 482 000 澳元的部分乘以 1.6%
	2 947 000 以上	39 540 澳元加上合计计税价格超过 2 947 000 澳元的部分乘以 2%
南澳大利亚	0~323 000	不需缴税
	323 001~593 000	合计计税价格超过 323 000 澳元的部分每 100 澳元缴纳 0.50 澳元
	593 001~862 000	1 350 澳元加上合计计税价格超过 593 000 澳元的部分每 100 澳元缴纳 1.65 澳元
	862 001~1 078 000	5 788.50 澳元加上合计计税价格超过 862 000 澳元的部分每 100 澳元缴纳 2.40 澳元
	1 078 000 以上	10 972.50 澳元加上合计计税价格超过 1 078 000 澳元的部分每 100 澳元缴纳 3.70 澳元
塔斯马尼亚	0~24 999	不需缴税
	25 000~349 999	50 澳元加上合计计税价格超过 25 000 澳元的部分乘以 0.55%
	350 000 以上	1 837.50 澳元加上合计计税价格超过 350 000 澳元的部分乘以 1.50%
昆士兰（长期居住在澳大利亚的个体）	0~599 999	不需缴税
	600 000~999 999	500 澳元加上合计计税价格超过 600 000 澳元的部分乘以 1%
	1 000 000~2 999 999	4 500 澳元加上合计计税价格超过 1 000 000 澳元的部分乘以 1.65%
	3 000 000~4 999 999	37 500 澳元加上合计计税价格超过 3 000 000 澳元的部分乘以 1.25%
	5 000 000 以上	62 500 澳元加上合计计税价格超过 5 000 000 澳元的部分乘以 1.75%

数据来源：各州和特区官方政府网站。

表 4-17　　2015—2016 财年首都特区土地税 AUV 及其对应的边际税率

AUV（澳元）	边际税率（%）
0~75 000	0.41
75 001~150 000	0.48
150 001~275 000	0.61
275 000 以上	1.23

5. 市政税

市政税是唯一一个由澳大利亚地方政府（市政会）征收的税种，其主要是向地方政府辖区内的不动产业主征收的，用以支持地方政府提供市政基础服务。2014—2015 财年，市政税占地方直接收入的 43.58%，是地方政府收入的主要来源。

每个市政会需要结合税、费和价格策略来为其社区服务提供资金支持，这也被称为收入策略。这个收入策略包含一个决定纳税人缴纳何种税费和多少税费的税率结构。根据市政区域内应纳税不动产的类目，市政会可以选择税费计算和分配的方式。

对于每一个类目及其子类目，可以从以下三种方式中选择一个来计征市政税：①完全按照不动产的土地价值；②不动产土地价值和不动产固定金额的结合；③最小金额的土地价值。每一个地块都包含在以下四种分类中：居住用、商用、农用、矿用。市政会根据辖区内地块的特征和用途决定地块的分类。大多数人都是缴纳居住用类别的普通税费。

根据《1993 地方政府法案》的规定，市政会取得的某一税费收入总额是被限定的，这也被称作“税费限制百分比”（rate peg percentage）。由于“税费限制百分比”的存在，市政会总体的税费收入增长不会超过批准的增长百分比。如果全部的土地价值上升，市政会应该调整税费征收，使总收入的增长不会超过批准的增长百分比。只有普通税费适用“税费限定百分比”。市政会能够申请的额外的超过年度税收限定金额的一般收入的增长则被称为“特殊税费变动”（special rate variation）。

首都特区没有地方政府，但是有社区（类似于地方政府）。首都特区的业主需要向社区付费来给各种市政和其他基础服务提供资金。这些业主包括地块的注册所有人、占有地块的承押人和承租地块的人。在首都特区，社区所提供的市政服务包括：主要公路、自行车道和人行道的维护，休闲区、游泳池、公立图书馆、礼堂和社区中心的建立、维护和维修，垃圾和废物处理服务、雨水排放设施、街道照明和清洁、健康和社区护理、教育、治安、制裁和社区安全、公共交通、环境和自然保护区、紧急服务、运动和娱乐、旅游、艺术、土地和规划。与土地税一样，市政税的缴纳也有专门的评估机构进行年度评估。对于每一个个体应税房地产，市政税应纳税款=固定费用（FC）+变动费用（AUV×*P*），AUV 为当年及其前两年的未改进的土地价值的平均值，*P* 为额定值系数。2015—2016 财年，首都特区市政税不同用途房地产变动费用和额定系数如表 4-18 所示。

表 4-18　2015—2016 财年首都特区市政税不同用途房地产变动费用和额定系数

房地产	FC（澳元）	AUV（澳元）	*P*（%）
居住用	730	1～150 000	0. 274 6
		150 001～300 000	0. 385 7
		300 001～450 000	0. 462 9
		450 000 以上	0. 533 9
商用	2 130	1～150 000	2. 627 4
		150 001～275 000	3. 046 7
		275 000 以上	4. 433 9
农村用	150	AUV×*P*	0. 146 8

数据来源：首都特区官方收入局网站（http：//www. revenue. act. gov. au/）。

三、 结论与启示

第一，明确合理地划分各级政府的事权和支出责任。澳大利亚宪法明确规定了各级政府的事权和支出责任，且划分符合各级政府的职能特征。联邦政府主要负责管理全国性的社会公共事务，并进行宏观经济调控；州政府主要负责提供本州公共服务和基础设施建设；地方政府只负责一些非常本地化的事物，包括地方道路、地方公园、公共图书馆、地方交通、供水、排污与排水、社会保健、住房与社区环境、地方文化设施以及消防服务等与居民生活息息相关的服务项目，以及进行必要的经济建设。

与澳大利亚相比，我国的中央与地方事权和支出责任划分还存在着一系列不明确、不合理、不规范的问题。一方面，地方政府承担起了一些本应由中央政府直接负责的事务；另一方面，中央政府又过多地承担了一些地方负责的事务，使得地方政府没有承担起相应的支出责任。此外，中央政府和地方政府提供基本公共服务的职责交叉重叠，共同承担的事项较多，并且省以下的地方政府事权和支出责任划分不尽规范，事权和支出责任划分的法治化、规范化程度低。因此，我国应积极推进中央与地方政府财政事权和支出责任划分的改革，将政府事权和支出责任在各级政府之间合理、明确的划分，减少交叉，并以法律形式固定下来，建立事权合理、责任明确、法治保障的新型政府事权和支出责任制度规范。

第二，中央政府在收入划分中占据优势，并对地方政府进行有效的转移支付。澳大利亚联邦政府拥有完整的收入获得权、分配权和使用权，在财政分配中占主导地位，如 2014—2015 财年联邦和州及以下政府支出对比关系约为 54.4：45.6，而联邦与州及以下政府财政收入比大致为 70：30。联邦在政府间收入划分中处于绝对优势地位，以保证其所负责的公共事务的实现，同时给予州及地方转移支付，以均衡地区间公共服务供给。2014—2015 财年，联邦对州和地方的转移支付占联邦财政支出的 24.7%，联邦转移支付占州和地方政府财政总支出的 39.15%。联邦政府的转移支付包括：向各州的均等化转移支付（一般性转移支付）和向州和地方关键事务（卫生、教育、技术和劳动力发展、社区服务、住宅、本土事务、基础设施和环境方面）的专项转移支付。联邦政府通过一个完整的转移支付体系，缓解地区间经济和财力差异，保障不同地区居民所享受公共服务的大致均等，促进地区间经济社会的均衡发展。

在政府间财力划分中，财力适当向中央集中，有助于保障全国性公共服务的提供、中央政府通过转移支付实现公共服务均等化。2015 年，我国中央与地方一般预算收入比约为 45.5：54.5，中央与地方一般预算支出之比约为 14.5：85.5。虽然相对于中央的一般预算支出，中央政府财力集中水平比较高，且中央政府对地方政府有大规模的转移支付，但是中央政府财政支出占比过低，大量本该中央政府承担的事权和公共服务供给责任由地方政府承担。通过对中央和地方的财政事权和支出责任进行优化调整，一些本属于中央政府的事权和支出责任的公共服务（如基本社会保险、高等教育、全国性和跨省基础设施、司法等）归位，因而中央政府的财政收入占比并不高。同时，出于发挥中央政府均衡地方财力、实现基本公共服务大致均等、促进不同地区经济社会均衡发展、保证全国的稳定统一职能作用的客观需要，中央政府还需保持对省及以下政府相当规模的转移支付。因此，我国中央政府应提高财政收入占比，并优化一般转移支付和专项转移支付配置机制，更好地实现一般转移支付在均衡地方财力以及专项转移支付在保证特定基本公共服务均等化供给中的绩效。

第三，构建适合国情的政府间税收划分制度和地方税收体系。澳大利亚实行的是联邦、州和地方三级课税制度。这是一种比较彻底的分税制，各级政府根据各自事权划分自行征收各自税费，不存在法律意义上的共享税。税收立法权和征收权主要集中在联邦。联邦政府的税收收入包括了所得税、商品与劳务税、消费税和国际贸易税等主要税种的收入。2014—2015 财年，联邦税收收入占国家总税收收入的 79.99%，其中所得税收入就占联邦税收收入的 72.36%。州政府之间的税种不尽相同，但印花税、工薪税、土地税是各州政府的主要税种。地方政府的主体税种为市政税。联邦政府集中了全国绝大多数的税收，但州和地方政府也都有其相对稳定的自有收入。

“收入上移、支出责任下移”是自 1994 年以来的我国分税制改革的基本取向。现行的政府间事权和财权划分方式已经不能适应经济社会发展的要求，现代财政制度的建立、国家治理体系和治理能力现代化要求我们建立适合国情、科学合理的政府间财政关系。我国政府间税收划分改革应在政府间事权和支出责任合理划分的基础上，基于地方公共服务供给的财力需要、税收自身特征属性、不同税收划分的激励效应等进行划分。同时，由于税种数有限、不同税种的税收能力有限、地区间税源分布不均衡，政府间税收划分应有利于全国政治和市场统一，而立法集中、税种划分和税收共享是相对可行的税收分权模式。立法集中是指立法权主要集中于中央，而地方具有一定范围内的税收调整自主权。税种划分是指中央和地方有各自专属税种（中央税、地方税）。税收共享是指收入分成或共享税基的共享税应为不同层级政府的重要税收来源。此外，应以法治的方式对政府间税收划分和地方税进行规范，以确保分税制的权威性和稳定性，保障各层级政府特别是地方政府的税权。

第四，规范地方政府的非税收入。从澳大利亚的州政府收入来源构成中，可以看到州政府收入源的相当大的一部分来自地方政府的非税收入。非税收入主要包括提供商品或服务的收入、利息收入和转移支付收入。非税收入约占澳大利亚州政府直接财政收入的四成，非税收入则占地方政府直接收入的一半以上。需要特别强调的是，澳大利亚对非税收入的管理相当严格，明确规定了各级政府的非税收入都要全部上缴财政统一账户，纳入预算管理。

许多非税收入（如使用者费）的征收符合受益原则，其存续具有合理性和有效性。我国的非税收入形式多样、规模巨大，包括行政事业性收费、政府性基金、国有资源资产有偿使用收入、国有资本经营收益、罚没收入、捐赠收入等。无论是对中央政府，还是对地方政府来讲，非税收入都是重要的收入来源，不能一概否定和取消。对于各种形式的非税收收入形式，坚持清理和规范原则：首先，清理和取消不合理、不合法的非税收入；其次，对一些名义为收费，实际上具有税收属性的非税收形态的收入实施费改税；最后，对其他具有合理性、合法性，但又不具有税收特征属性的非税收入形式，应进一步优化其设立、收取、使用、监督与评价退出制度，增强其规范性、确定性和透明度。

第五章　德国地方政府的支出责任与地方税收：实践与启示

本章提要：本章以德国州及以下地方政府为主，从地方政府事权和支出责任、政府间收入和地方税收等方面，较为系统地梳理了德国政府间财政收支关系。德国的实践对于我国的启示在于：建立完善的规范政府间财政关系的法律体系；科学合理地划分中央与地方政府的事权、支出责任和收支比例；深化"分税制"改革，完善地方税收体系，特别是以所得税为代表的共享税划分；完善纵向和横向转移支付制度。

一、　德国政府间事权与支出责任配置

（一）德国财政体制概述

德国是典型的联邦制国家，拥有联邦、州、市镇三级政府。各级政府均有独立的财政管理机构，拥有独立的财政权力。联邦政府的财政管理行政机构是联邦财政部。它主管联邦各州的财税政策，同时在各州都设立了派出的高等财政管理机构。州一级的财政管理机构中的高等财政管理机构主要负责协调同联邦部门的财政管理机构的关系，并管理本州的财政工作；州政府的另一个财政管理机构是州级财政管理税务总局，其主要负责下属的地方政府的财政税务工作。市镇级的财政管理机构是各自的财政税务局，地方的财政税务局受州财政局的领导。

德国政府的各项财政立法以《德意志联邦共和国基本法》（以下简称《基本法》）为基础。联邦政府将其作为行使权力的准绳。州政府在联邦政府未制定法律并且不实施其立法权的相关领域，可以进行补充性立法，但联邦政府拥有优先立法权。州政府由于其公共服务的大众性，享有财政专属立法权，但是由于联

邦的《基本法》涉及大多数项目，因此，实际上各州的财政专属立法权范围相对较小。各级财政管理部门都需要依照宪法要求和相关的立法程序行事，并且各级财政部门受相应的司法机构的审查监督。由于州政府的自治程度较高，联邦政府不能强制要求州政府实施一些指令，因此联邦政府在向州政府下达指令时，并不能强制，而需要和州级的相应的财政管理机构协调。同时，联邦政府也不能越过州政府直接向地方政府下达指令。

德国各级政府拥有独立的预算体系，分别对各自的议会负责。《基本法》对德国的基本财政体制做出明确的规定。《基本法》明确地划分了三级政府各自应承担的公共事务，并依据其承担的公共事务的范围划分其财政支出的范围，在财政收入方面实行以共享税为主体的分税制。

（二）各级政府的事权与支出责任

德国按照各级政府所辖事权的不同，以法律的形式强制规定了不同政府的支出责任。这一要求使政府间的财政关系得以确定，政府的事权与其支出责任紧密联系。事权越多越复杂，其相应的财政支出规模就相对较大。德国联邦政府、州政府和地方政府的具体支出责任如表 5-1 所示。

表 5-1　　德国政府间支出责任划分情况表

政府层级	政府支出责任
联邦政府	国防、外交、社会保障、联邦货币的发行与管理、海关和边防、联邦交通和邮电、铁路和航空、水运、高速公路和远程公路、重大科研计划、资助基础研究和开发研究、跨地区资源开发、国有企业的支出、农业政策、联邦一级的行政事务及财政管理等
州政府	州一级的行政事务和财政管理、教育（如中小学教育和高等教育）、警察、文化事业、医疗卫生、健康与体育事业、社会救济、住房、治安和司法管理、环境保护、科学研究（联邦参加高校和跨地区的研究开发工作）、州内公路、地区经济结构和农业结构的改善、护岸等。此外，按照高效率、低成本原则，经立法机构批准后，联邦公路建设、航运、能源开发与利用等方面的职责也可由州政府行使
地方政府	负责当地的行政事务管理、基础设施建设、社会救济、地方性治安保护、公共交通和乡镇公路建设以及城市发展建设规划、当地城镇煤水电等公用事业、公共福利、文化设施、能源的供给、垃圾和污水处理、普通文化教育事业、成人继续教育、卫生、社会援助、社区服务等。此外，地方政府还接受联邦和州的委托，承担诸如选举、人口普查等任务

资料来源：德国财政部网站（http：//tfs. mof. gov. cn/）的《德国政府间财政关系考察报告》。

（三）各级政府的财政支出情况

德国各级政府之间的支出责任是依据各级政府承担的公共事务来划分的。各级政府按照相关支出与任务职责相一致的原则，确定自身的支出范围。第二次世界大战之后，联邦政府的权力逐渐被削弱，州政府逐渐被赋予了更多的职能。《基本法》规定："为了普遍的利益，必须统一进行处理的事务由联邦政府负责，其他事务则根据其性质和特点由各州和地方政府负责或由两级以上政府共同承担。"《基本法》中关于政府间财政关系做出了明确的规定，如"联邦委托下的各州间交易，由联邦承担其产生的各类费用"。

由于德国各级政府的事权和财权在过去的 20 年间并没有较大的变化，因此德国政府的支出规模近些年来一直保持着较为稳定的稳中有降的趋势。1990 年，德国统一，基于统一后社会管理和服务的需要，德国的财政支出占 GDP 的比重在 1995 年达到最高，即 54.57%。其后，德国财政支出占 GDP 的比重逐渐降低，到 2007 年，德国的财政支出占 GDP 的比重为 42.6%，是近 20 年来的最低。2008 年全球金融危机后，德国的财政支出占 GDP 的比重短暂回升至 47.36%，此后几年间，随着全球经济的逐渐复苏，呈现出稳中下降的趋势。2014 年，德国财政支出占 GDP 的比重下降至 43.78%。图 5-1 显示了 1995—2004 年德国的财政支出占 GDP 比重的变化趋势。

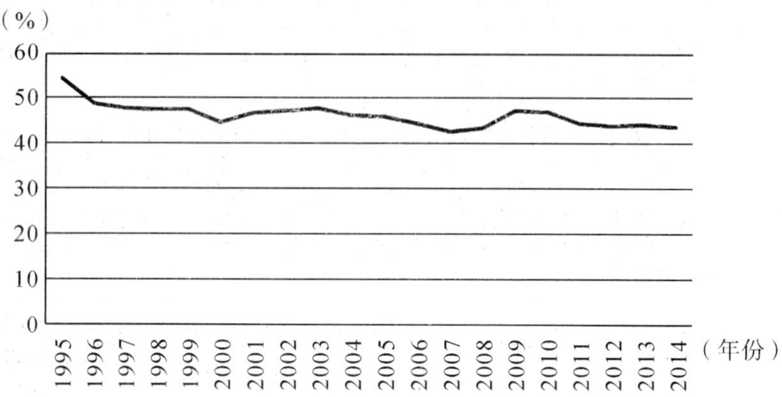

图 5-1　1995—2004 年德国财政支出占 GDP 的比重

数据来源：根据 OECD. Stat 德国数据计算整理。

德国建立了世界上第一个完整的社会保障体系，德国的财政收入和财政支出都专列社会保障账户，鉴于此，本书将社会保障支出账户单列，从而更好地分析德国的财政支出详情。从财政支出占比情况来看，社会保障支出是德国政府支出中最大的一笔支出。近年来，德国的社会保障支出占政府总支出的比重一直处于43%左右的较高水平，其中2013年的社会保障支出占政府总支出的比重高达43.38%。与此同时，2013年联邦政府支出占总支出的比重为17.45%。2007年，联邦政府支出占总支出的比重为18.74%，2013年，该数值降低了1.29个百分点。近年来，州政府的支出占总支出的比重保持着较为稳定的趋势。值得注意的是，地方政府的支出占总支出的比重在近年间呈现出逐步上升的趋势，从2007年的15.72%上升到2013年的16.3%。总体而言，社会保障支出占政府支出的比重很高，联邦政府的事权和支出责任有所缩小，州政府的事权和支出责任未发生较大变化，而地方政府的事权和支出责任有所扩大。

1. 联邦政府的支出责任与支出情况

德国的联邦政府主要负责涉及国家安全的国防和外交事务，同时还涉足关系国计民生的基础设施的建设。①社会保障支出。如表5-2所示，在2013年的联邦政府的支出结构中，社会保障支出是联邦第一大支出，支出总额为1 908.35亿欧元，约占联邦总支出的46%，接近联邦政府总支出的一半。社会保障支出主要涉及人口老龄化支出、失业救助、疾病和残疾救助等。②一般公共服务支出。联邦第二大支出类别是一般公共服务支出，支出总额为1 253.76亿欧元，约占联邦总支出的30%。联邦政府的一般公共服务支出主要涉及行政和立法机关经费、财政金融事务以及对外国的经济援助等。③经济事务支出。联邦第三大支出类别是经济事务支出，支出总额为392.49亿欧元，约占联邦总支出的9%。联邦经济事务支出主要包括各行业国有企业的经济事务支出以及对各产业的科技研发投入。④国防支出。联邦国防支出的支出总额为345.30亿欧元，约占联邦总支出的8%。国防支出是联邦政府特有的财政支出项，州政府和地方政府的支出类别中均不含有国防支出。联邦政府的其余各类支出总额较小，支出总和约占联邦政府总支出的7%。

2. 州政府的支出责任与支出情况

州政府负责州级范围内的经济发展、基本公共服务、教育、医疗以及部分基础设施建设，并且承担部分社会保障服务。由于德国的联邦政府和州政府之间并不是直接的上下级领导关系，因此除法定的基本支出范围外，《基本法》中还明确规定由联邦委托州政府实施的事项，其各类费用由联邦政府承担。此外，当联邦和州共同承担一些涉及面较广、财政支出总额比较大的项目时，如扩建高等院校、修建大型基础设施等，联邦和州要通过协议自行确定各自应当担负的比例。从表 5-2 可以看出州政府的支出项目主要包含以下几种：①一般公共服务支出。州政府中涉及基本行政经费、基本财政管理经费以及一般性公共服务等的一般公共服务支出最多，支出总额为 1 102. 54 亿欧元，约占州政府总支出的 27%。②教育支出。教育支出是德国州政府的第二大支出，支出总额为 1 039. 85 亿欧元，约占州政府总支出的 26%。州政府的教育支出主要涉及本州内的高等教育支出，还担负了本州的学前和小学教育、中等教育、中等以上非高等教育支出和各项教育补贴以及教育机构的研究经费。③社会保障支出。除联邦政府担负了较大部分的社会保障支出外，州政府还担负了本州居民的部分社会保障支出。2013 年，州政府的社会保障支出总额为 782. 49 亿欧元，约占州政府总支出的 19%。州政府的社会保障支出主要用于本州的失业人员补助、住房条件的改善和对本州居民的补助。④经济事务支出。2013 年，州政府的经济事务的支出总额为 469. 94 亿欧元，约占州政府总支出的 12%。州政府的经济事务支出主要用于本州的地区产业经济的发展，地区交通、通信等基础设施建设以及地区自然资源、能源的发展。⑤公共秩序和安全支出。州政府在维护本州的公共秩序和安全方面起着较为重要的作用。州政府的这项支出主要涉及州级警察服务、监狱运行及法律服务等。2013 年，德国州政府的公共秩序和安全支出约占州政府总支出的 9%，支出总额为 362. 47 亿欧元。⑥其他支出。2013 年，在德国州政府的各项支出中，其他各类较小的支出主要有宗教、文化和娱乐支出，住房和设施支出，环境保护支出，医疗卫生支出。这四项支出合计约占州政府总支出的 7%。

3. 地方政府的支出责任与支出情况

由于地方政府在了解辖区居民的选择偏好时具有一定的信息优势，因此地方政府是地方受益性较强的基本公共服务的主要供给者，如地方基础设施的建设、地区秩序的维护、教育服务以及满足地区居民的基本精神文化娱乐的提供等。从表5-2可以看出，地方政府的支出项目主要包含以下几种：①社会保障支出。德国的高福利以及完善的社会保障体系体现在从联邦政府到州政府及地方政府每年都会有较大的社会保障支出。2013 年，德国地方政府的社会保障支出约占地方政府总支出的33%，支出总额达785.58亿欧元，是地方政府总支出中的最大支出项目。地方政府的社会保障支出主要用于为本辖区内的居民提供的基本生活救助以及受联邦政府和州政府委托而实施的养老资助、社会救济等。②一般公共服务支出。地方政府的一般公共服务支出主要用于当地行政事务的管理、基本社区服务和当地的各项城镇公用事业的发展等。2013年，德国地方政府的一般性公共服务支出为第二大支出类别，支出总额为428.11亿欧元，约占地方政府总支出的18%。③教育支出。地方政府的教育支出用于地区的基础教育、成人继续教育以及地区职业教育等。教育支出是2013年德国地方政府支出中的第三大支出项目，支出总额为376.32亿欧元，约占地方政府总支出的16%。④经济事务支出。地方政府的经济事务支出主要用于地区内的能源供给、垃圾和污水的处理等各项经济事务。经济事务支出是地方政府的第四大支出，2013年支出总额为305.59亿欧元，约占地方政府总支出的13%。⑤宗教、文化和娱乐支出。地方政府的宗教、文化和娱乐支出主要用于发展当地的文化事业，满足辖区内居民的文化需求。宗教、文化和娱乐支出是地方政府支出中区别于联邦和州政府的一项支出。2013年，德国地方政府的该类支出的支出总额为159.06亿欧元，约占地方政府总支出的7%。⑥其他支出。其他支出中包含环境保护支出、住房和社区设施支出、公共秩序和安全支出以及医疗卫生支出。2013年，地方政府的这几类支出总和在地方政府总支出中约占13%。此外，除以上几大类事权和支出责任外，地方政府还接受联邦和州的委托，承担诸如选举、人口普查等任务。

表5-2　　2013年德国各级政府财政支出项目　　单位：亿欧元

支出项目	联邦政府	州政府	地方政府
支出总额	4 160.85	4 036.64	2 363.68
一般公共服务	1 253.76	1 102.54	428.11
国防	345.30	0.00	0.00
公共秩序和安全	50.41	362.47	79.60
经济事务	392.49	469.94	305.59
环境保护	45.30	39.19	102.92
住房和社区设施	21.36	43.37	85.90
医疗卫生	64.49	105.37	40.62

表5-2(续)

支出项目	联邦政府	州政府	地方政府
宗教、文化和娱乐	20.19	91.41	159.06
教育	59.19	1 039.85	376.32
社会保障	1 908.35	782.49	785.58

数据来源：根据 OECD. Stat 德国数据整理。

二、 德国政府间财政收入与税收划分

（一）联邦、州和地方政府的财政收入概述

德国政府的财政收入在近年来也呈现出逐渐上升的趋势。由表 5-3 可以看出，2007 年，德国的财政收入为 10 807.68 亿欧元，占 GDP 的比重为 43.06%；而到 2013 年，德国的财政收入为 12 494.34 亿欧元，占 GDP 的比重为 44.47%。与此同时，德国的财政支出占 GDP 的比重近年来逐渐下降。这使得德国财政能摆脱之前较为严重的财政赤字，甚至有少量的财政盈余。

德国的财政收入主要由税收收入、社会保障缴款以及补助金和一些其他的政府收入组成。税收收入是德国政府财政收入中最重要的部分。德国财政收入的第二大组成部分是社会保障缴款，常年占比在 35%以上。这与德国完善的社会保障制度有着紧密的关系。德国的社会保障除了雇主和雇员等额缴纳外，还有部分税收资金进行补贴。此外，德国的社会保障实行现收现付制。从表 5-4 可以明显看出，联邦政府的收入占总收入的比重逐年上升，州政府的财政收入占比一直较为稳定，而地方政府的财政收入占比却呈现出逐年下降的趋势。

表 5-3　　2007—2013 年德国政府的财政总收入及结构

年份	政府总收入（亿欧元）	政府总收入占 GDP 的比重（%）	税收收入占政府总收入的比重（%）	社会保障缴款占政府总收入的比重（%）	补助金和其他的一些收入占政府总收入的比重（%）
2007	10 807.68	43.06	52.48	37.41	10.11
2008	11 117.68	43.46	52.70	37.10	10.20

表5-3(续)

年份	政府总收入（亿欧元）	政府总收入占GDP 的比重（%）	税收收入占政府总收入的比重（%）	社会保障缴款占政府总收入的比重（%）	补助金和其他的一些收入占政府总收入的比重（%）
2009	10 907. 86	44. 40	50. 84	38. 10	11. 06
2010	11 104. 48	43. 10	50. 09	38. 38	11. 53
2011	11 794. 77	43. 70	50. 78	37. 49	11. 73
2012	12 178. 37	44. 29	51. 24	37. 3	11. 45
2013	12 494. 34	44. 47	51. 422	37. 24	11. 33

数据来源：根据 OECD. Stat 和 CEIC 数据整理。

表 5-4　　2007—2015 年德国政府财政总收入中社会保障账户与三级政府收入的占比

年份	联邦政府（%）	州政府（%）	地方政府（%）	社会保障账户（%）
2007	28. 74	24. 50	11. 56	35. 20
2008	28. 90	24. 62	11. 57	34. 90
2009	29. 08	24. 03	11. 18	35. 71
2010	29. 00	23. 69	11. 40	35. 92
2011	29. 60	23. 91	11. 23	35. 27
2012	29. 36	24. 24	11. 21	35. 19
2013	29. 27	24. 44	11. 13	35. 15
2014	31. 37	22. 08	8. 25	38. 29
2015	30. 83	22. 45	8. 34	37. 91

数据来源：根据 OECD. Stat 和 CEIC 数据整理。

德国的税收收入是其财政总收入中最大的组成部分。《基本法》对各级政府的税收权限和税收收入都做出了明确划分，联邦、州和地方的税收收入来源各有不同。按照各税种性质的不同，德国分税制下的税种主要包括共享税、联邦税、州税和地方税。表 5-5 反映出了 2015 年德国联邦、州和地方政府的税收收入金额。由表 5-5 可知，联邦政府的税收收入明显高于州政府和地方政府。在德国税收收入的几大类中，社会保障税类在税收收入中占比最大，2015 年高达 4 246. 78

亿欧元。社会保障税主要由雇主和雇员共同分担。在税收收入中，占比第二大的是收入、利润和资本所得税类，税收收入在 2015 年达 3 524.63 亿欧元，其主要包括个人所得税、企业所得税两大税种。第三大税收收入是商品服务税类，2015 年的德国商品服务税类的总和为 3 050.19 亿欧元，其主要包括增值税、特定商品服务税和消费税。联邦政府在此类税种的收入中占主导地位，相对而言，地方政府在此类税种的收入占比较少。第四大税收收入是财产税类，2015 年的德国财产税类的税收收入总和为 326.54 亿欧元，其主要包括不动产税、金融资本交易税、财富净值税以及遗产税。财产税类的税收收入基本由州和地方政府持有。

表 5-5　　2015 年德国各级政府财政收入项目　　单位：百万欧元

收入项目	联邦政府	州政府	地方政府	社会保障账户	总收入
总税收收入	345 394	251 525	93 395	424 678	112 0225
1000 收入、利润和资本所得税	144 120	134 320	74 023	0	352 463
1100 个人	130 146	119 214	50 203	0	299 563
1200 企业	13 974	15 106	23 820	0	52 900
2000 社会保障	0	0	0	424 678	424 678
2100 雇员	0	–	–	188 938	188 938
2200 雇主	0	–	–	199 191	199 191
2300 自营或失业者	0	–	–	36 549	36 549
4000 财产税	1 902	17 537	13 215	0	32 654
4100 周期性不动产税	0	0	13 215	0	13 215
4200 周期性财富净值税	1 902	−2	0	0	1 900
4300 房地产、遗产和赠与税	0	6 290	0	0	6 290
4400 金融资本交易税	0	11 249	0	0	11 249
5000 商品服务税	199 372	99 668	5 941	0	305 019
5100 产品、销售和物流税	188 685	99 668	5 609	0	294 000
5200 使用的商品和执行活动的税收	101.05	0	332	0	11 019
其他税收	0	1 730	820	0	2 856

表5-5(续)

收入项目	联邦政府	州政府	地方政府	社会保障账户	总收入
减：税收抵免	2 203	2 203	778	0	5 184
国民账户：税收与社会保障	347 551	255 458	94 993	466 320	1 169 861

数据来源：http：//www. oecd-ilibrary. org/。

由表5-5和图5-2可以看出，在2015年，社会保障税在德国的税收收入中占比最高，达到38.09%；商品服务税占税收总收入的比重为27.36%，位居第二；个人缴纳的收入、利润和资本所得税位居第三，占比为26.87%；企业缴纳的收入、利润和资本所得税占税收总收入的比重相对较低，占比为4.75%；财产税占税收总收入的比重为2.93%。

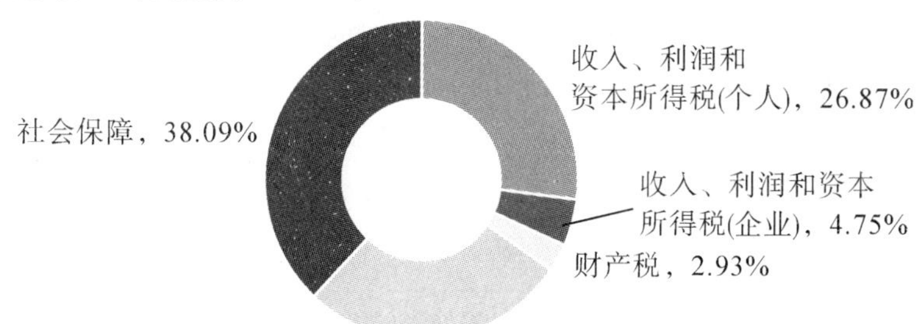

图5-2　2015年德国主要税种的税收收入占总财政收入的比重

数据来源：http：//www. oecd-ilibrary. org/。

（二）联邦、州和地方政府的税收划分

在实行分税制的国家中，德国是分税制税收体系较为完善的国家之一。根据《基本法》关于德国分税制的要求，联邦政府主导税收立法权。“联邦一级对关税和国家专卖税具有专属立法权；如果征收的全部或部分税收属于联邦所有，联邦对其赋税具有完全立法权。”州政府和地方政府对本地的一些地方税种，如财产税等，可以自行调整税率，但是联邦仍具有优先立法权。同时，对于联邦政府已开征的税种，地方政府不具有再新开征此税种的权限。联邦税务总局主要负责征收属于联邦的税收，比如关税和联邦消费税；州和地方的税务部门主要负责地方税种的税收并代联邦政府征收其他各项属于联邦的税收。德国的分税制的突出

特色在于将共享税作为税收划分的主体。以共享税为税收分配主体，可以有效地调节区域间的税收结构，稳定各级政府的税收收入。

德国的几大主要税种包括社会保障税、增值税、消费税、个人所得税和公司所得税。共享税是由税额较大、税源较为稳定的税种构成，如增值税、个人所得税、公司所得税、工资税和资本利得税等。如表 5-6 所示，2015 年，除社会保障税之外的税收收入，在联邦政府、州政府和地方政府的税收占比分别为 50.03%、36.44%和 13.53%，中央和地方（含州）的税收占比大致是五五开。对个人征收的收入、利润和资本所得税，也即个人所得税，在联邦、州和地方三级政府税收占比分别为 43.45%、39.80%和 16.76%。对企业征收的收入、利润和资本所得税，也即企业所得税，在联邦、州和地方三级政府税收占比分别为 26.42%、28.56%和 45.03%。商品服务税在联邦、州和地方三级政府的分配比例分别为 65.37%、32.68%和 1.95%。商品服务税主要包括增值税、特定商品服务税、使用的商品和执行活动的税收等，其中特定商品服务税又分为消费税和特定服务税两类。在财产税收入中，不动产税全部归地方政府，财富净值税全部归联邦政府，房地产、遗产赠与税以及金融资本交易税全部归州政府。

表 5-6　　2015 年德国主要税种的收入在各级政府税收中的比重

税种	联邦政府（%）	州政府（%）	地方政府（%）
总税收收入	50.03	36.44	13.53
1000 收入、利润和资本所得税	40.89	38.11	21.00
1100 个人所得税	43.45	39.80	16.76
1200 企业所得税	26.42	28.56	45.03
4000 财产税	5.82	53.71	40.47
4100 周期性不动产税	0.00	0.00	100.00
4200 周期性财富净值税	100	–	0.00
4300 房地产、遗产赠与税	0.00	100.00	0.00
4400 金融资本交易税	0.00	100.00	0.00
5000 商品服务税	65.37	32.68	1.95
其他税收	0.00	67.84	32.16

数据来源：根据 http：//www. oecd-ilibrary. org/的数据计算整理。

（三）州与地方政府的税收

1. 州政府的税收

由图 5-3 可以看出①，在州政府的税收收入结构中，占主要地位的是对个人征收的收入、利润和资本所得税。2015 年，德国州政府对个人征收的收入、利润和资本所得税，占州政府税收收入的 47.4%。第二大税类为商品服务税，占州政府税收收入的 39.63%。相对于占比较高的个人所得税，州政府对企业征收的收入、利润和资本所得税占比较低，2015 年的此类税收收入占州政府税收收入的 6.01%。此外，州政府享有财产税的征收权力，2015 年德国州政府财产税收入占州政府税收收入的 6.97%。总体来讲，德国州政府的主要税收来源为个人所得税和商品服务税。增值税、特定服务税（主要为博彩税、赌场税）、消费税（啤酒税）等是州政府的商品服务类税收的主要构成。

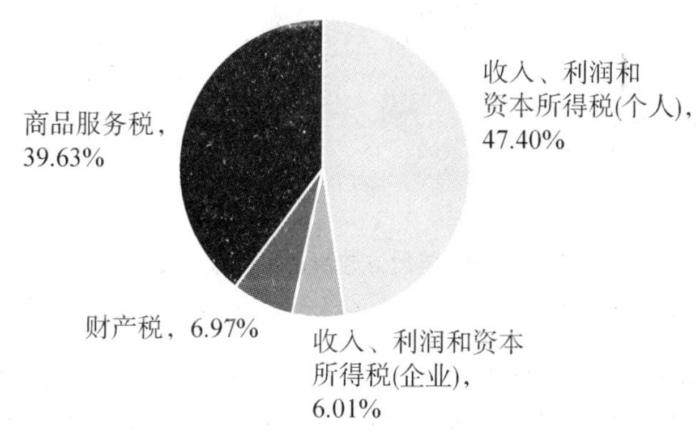

图 5-3　2015 年州政府的税收收入结构

数据来源：根据 http：//www. oecd-ilibrary. org/的数据计算整理。

2. 地方政府的税收

地方政府有权征收的税种为营业税和资本税（各上缴联邦政府和州政府 9%的税收）、房地产税、个人的工资所得税、饮料税、狩猎税、捕鱼税和娱乐税等税源较小、税基较窄的地域性较强的地方性税种。

① 由于社会保障账户的收入单列，故在此及后文中的联邦、州和地方政府的税收收入均不包含各项社会保障收入。

如图 5-4 所示，2015 年，在德国地方政府的税收收入中，第一大类是对个人征收的收入、利润和资本所得税，占当年地方政府税收收入的 53.88%。根据《基本法》第 106 条第 5 款的规定："乡、镇、区等地方政府所得税收入份额以其居民所得税缴纳额为基础，由州分配给所辖的乡、镇、区。具体由联邦议会所通过的联邦法确定。乡、镇、区可以规定其收入份额内的税率。"第二大类是对企业征收的收入、利润和资本所得税，占当年的地方政府税收收入的 25.56%。相对于联邦政府和州政府，2015 年，财产税在地方政府总收入的比重较大，为 14.18%。2015 年，商品服务税在地方政府税收收入中占比较低，为 6.38%。州政府的商品服务税主要包括分享的增值税以及少量的娱乐税、狩猎税、捕鱼税等。

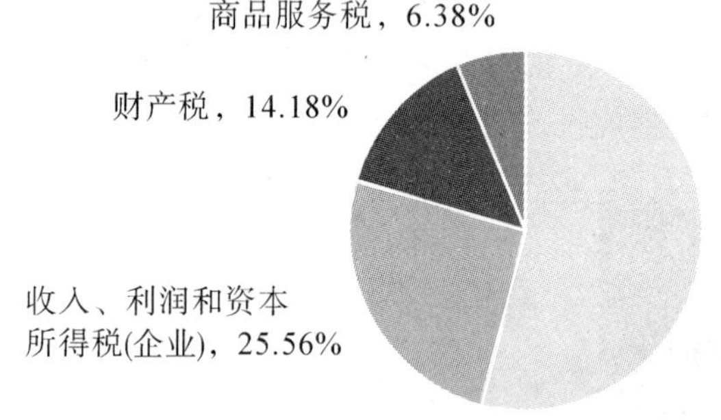

图 5-4　2015 年地方政府的税收收入结构

数据来源：根据 http：//www. oecd-ilibrary. org/的数据计算整理。

联邦政府的税收收入主要有关税、联邦消费税、公路货物运输税、资本交易税、一次性的财产税和增值税的附加税等，同时还包括共享税中联邦分享的部分。如图 5-5 所示，2015 年德国联邦政府的税收收入以商品服务税类税收为主体。该类税收收入占联邦政府总税收收入的 57.72%。联邦政府的增值税、消费税收入是该类税收收入的主体。对个人征收的收入、利润和资本所得税，占联邦政府总税收收入的 37.68%。对企业征收的收入、利润和资本所得税，占联邦政府总税收收入的 4.05%。

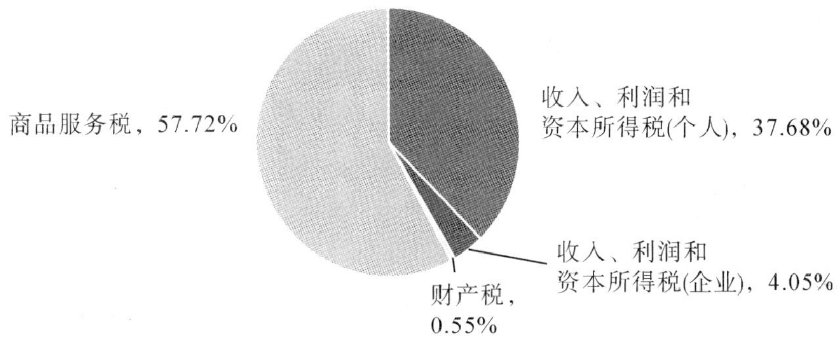

图 5-5　2015 年联邦政府的税收收入结构

数据来源：根据 http：//www. oecd-ilibrary. org/的数据计算整理。

（四）地方财政的平衡机制：转移支付

相较于其他联邦制国家，德国的财政体制的特点是财政平衡机制。德国的《财政平衡法》对其平衡机制做了详细的说明，明确地规定了联邦、州和地方政府之间的转移支付的具体做法，并会根据经济情况的变化做出调整。

州政府的财政平衡机制主要是由联邦对州的纵向转移支付和各州之间的横向转移支付组成的。联邦政府对州政府的转移支付主要是通过增值税分享进行的。增值税分享的第一步是将一定比例的增值税用于特定的补助项目。增值税分享的第二步是在剩下的增值税收入中，州和地方政府按照各自的分享比例进行收入分配。增值税分享比例不是一成不变的，而是随着经济的变化做出适当的调整。各州之间的财政平衡主要是通过较富裕的州对较贫困的州的补偿支付进行的。具有补偿义务的州是，在会计平衡年度税收能力指数超过均衡标准的各个州。具有接受补偿权利的联邦州是，在会计平衡年度税收能力指数未达到均衡标准的各个州。一个州的税收能力是指其税收收入、合法资助资金收入的总和。一个州的均衡标准等于平衡后全国每人平均缴纳税收数乘以州居住人口数。

联邦补充拨款是德国财政平衡机制的另一种实现方式，也是对州政府的财政平衡机制的补充。联邦补充拨款主要是用于财力不足的州，并且此类财政补贴主要用于以下几种情况：①由于支付能力较弱而出现了较大的赤字；②由于建设较大的基础设施而造成的财政负担；③为平衡因结构性失业而造成的特殊负担，减少有劳动能力的人在失业救助和社会福利方面的超比例负担；④行政开支水平高于平均水平。出现较大赤字的州能够获得的财政补贴为赤字的77.5%；因建设较大的基础设施而造成财政负担的州，会得到联邦政府的专项补充拨款，但因该原因接受该项补贴的州需要每年向联邦财政计划委员会提交具体的项目情况表；对于因平衡失业而造成负担以及需要调节行政开支的州，联邦政府每年会依据各州的具体经济发展状况以及资金使用状况，进行评估和再分配。

三、 结论与启示

德国的地方政府支出责任和地方税收主要是基于德国的三级政府结构，以政府职能为依据，并以《基本法》的法律形式将其明确化。以财政基本法的形式明确划分各级政府的支出责任和税收，为各级政府提供财政行为框架和规范，有助于清晰权责、稳定预期，促进各级政府履行公共责任，使德国的财政长期良好地运行。德国的具体实践对于我国的地方政府支出责任和地方税收体系的构建有以下几点启示：

第一，建立规范的政府间财政关系的法律体系。德国政府间财政关系良好运行的保证是各级政府的支出事权和收入权限均以法律的形式进行明确规定。同时，转移支付制度中的具体计算方法和公式也以法律的形式记入《财政平衡法》。在确定了各级政府的事权和支出责任以及多层级政府的共享比例后，有法律作为财政关系运行的保障，可以有效防止地方政府“缺位”和“越位”等现象的发生。就我国而言，目前仍缺乏关于政府间事权、支出责任和税权划分的基本法。我国政府多以国务院的决定和通知的形式来规定政府间的财政关系，如《国务院关于实行分税制财政管理体制的决定》（国发〔1993〕85号）、《国务院关于印发所得税收入分享改革方案的通知》（国发〔2001〕37号），法律层级较低，内容规定不够完备和具体，特别是有关事权和支出责任划分的规定的可行性低。为此，在我国政府间财政关系改革和地方税改革中，应遵照《中华人民共和国立法法》的要求，以法律的形式来确定政府间事权、支出责任和税收划分、地方税等属于财政税收基本制度的事项。

第二，科学合理地划分中央与地方政府的事权和支出责任，确定中央与地方政府的收支比例。与德国联邦、州和地方政府的职责、政府间事权和支出责任相适应，2015 年德国联邦和州以下地方政府财政支出比约为 40∶60，同年，德国联邦与地方（含州和地方）财政收入比、税收收入比都约为 50∶50。一方面，联邦政府承担着社会保障、一般公共服务、经济事务、全国性基础设施等大量财政事权和支出责任；另一方面，联邦政府财政收入和税收收入占比都比其直接支出占比高出约 10 个百分点。这使联邦政府具有比较强的促进全国公共服务相对均等和平衡地区发展的能力，保障了德国的稳定和统一。

2015 年，我国中央与地方一般预算收入比约为 45.5∶54.5，税收收入在中央与地方之间的分配比约为 49.8∶50.2，中央与地方一般预算支出比约为 14.5∶85.5。比较来看，我国税收在中央与地方之间的分配与德国相当，我国中央政府财政收入占比低于德国联邦政府财政收入占比，我国中央政府的财力集中程度较低①。在支出上，我国中央政府直接支出占比大幅低于德国，一些本属于中央的事权却由省及以下地方政府承担。地方政府高度依赖于转移支付，产生预算软约束、财政资源配置效率和公平性不高等问题。从全国性公共服务回归中央、中央政府的政府责任归位出发，在现有的中央与地方财力分配格局基础上，应调整中央与地方事权和支出责任划分，使中央政府在基本社会保险、高等教育、全国性和跨省基础设施、司法等方面承担更多的责任。同时，基于推进基本公共服务大致均等、不同地区经济社会均衡发展、保证全国的稳定统一的需要，中央政府还需保持对省及以下政府相当规模的转移支付。

第三，深化分税制改革，完善地方税收体系。中国与德国类似，在政府间税收划分中，共享税居于重要位置。两国的各级政府都非常依赖共享税。在德国，个人所得税、增值税和企业所得税等共享税收入占州政府税收收入的 95%以上，个人所得税、企业所得税和增值税等共享税收入约占地方政府税收收入的 85%，以不动产为课税对象的财产税约占地方政府税收的 14%，纯粹的地方税种收入在州和地方政府的收入中占比都很小。实施分税制、建立地方税收体系，并不意味着地方政府都需要单独的、归属于地方的、独立的地方税种。地方税收体系是包括共享税和地方税在内的地方税收收入保障机制。税收的首要功能是为各级政府公共服务供给进行融资的收入功能。基于有限税种和税基的约束、实现全国税制相对统一及维护全国市场和政治统一的要求，共享税可以以地方税收收入为

① 与美国、日本、澳大利亚、英国、韩国等发达国家以及印度等发展中国家相比，都是如此。

主体。

在我国分税制改革中，同样可以将个人所得税和企业所得税作为省及以下地方政府的主要共享收入，并提高共享比例。在我国企业所得税和个人所得税立法权集中于中央、全国税制相对统一的情况下，所得税由中央和地方共享，并不与所得税的特点和功能属性相冲突，不会导致地区间的过度税收竞争以及资本、劳动等要素在地区间的非正常流动和资源配置的扭曲，与发挥所得税内在稳定器和收入分配功能也不矛盾，还可以为省及以下地方政府提供稳定、可预期的收入。由于企业和个人因地方政府提供公共服务而降低生产生活成本、增效增收，因此将个人和企业所得税作为地方的重要收入来源也符合受益原则，有助于激励地方政府注重经济绩效，减少过度投资和重复建设的冲动，改善营商和生活环境，从而有利于经济增长方式转变和地方治理现代化，还有助于强化地方政府的征管激励，有效缓解因征管差异造成所得税实际负担的横向不公。

第四，完善纵向和横向转移支付制度，推进基本公共服务大致均等。德国的完善的转移支付制度对于各地区的公共服务均等化具有重要的作用。对于义务教育、公共医疗卫生服务、社会保险等具有较强的外溢性的公共产品或正外部性强的服务，应加快推进其在全国范围内的大致均等化。应充分发挥省级政府通过转移支付等方式，统筹省内公共服务供给，促进交通等基础设施、职业教育、特殊教育、医疗卫生、环境保护、社会福利和救济等公共服务供给的协调均衡的能力。不断完善转移支付制度，优化一般转移支付和专项转移支付，对专项转移支付不能简单地取消和合并，应基于转移支付的目的选择转移支付方式。除纵向转移支付外，应进一步完善和创新包括“对口支援”在内的横向转移支付，并考虑税收背离和转移及均衡地区财力和经济的需要，探索规范的、公式化的横向转移支付制度和机制。

第六章 印度地方政府的支出责任与地方税收：实践与启示

本章提要： 本章梳理了印度地方政府的事权与支出责任、联邦和邦政府的收支结构、中央与地方政府间税收分权及地方税等。印度地方政府的支出责任和地方税实践对中国地方政府支出责任划分和地方税建设具有参考和启示作用：在中国的政府间财政关系改革中，应使财力的集权和分权适度、依据事权划分税权、以法治的方式科学合理划分事权和配置地方税、建立多样适宜的转移支付制度。

一、 印度政府的事权与支出责任

印度是联邦制国家，联邦政府以下设邦、中央直辖区和首都辖区，邦以下设专区、县、区和村四级单位，而中央直辖区以下则只设县、区和村（评议会）三级单位。印度的宪法对联邦与各邦之间的立法权、行政权和财政权做出了明确的划分，各邦虽享有一定的自治权，但宪法赋予各邦的权力是有限的，权力重心仍在联邦政府。印度财政年度是从每年的 4 月 1 日（新企业从开立之日算起）到次年的 3 月 31 日。

（一）联邦政府与邦政府的事权划分

1951 年，印度宪法对联邦政府和邦政府各自的职能和权力进行了划分，此后宪法修订时又多次在该法的基础上进行了完善调整。其中第二百四十六条对联邦议会和邦议会有权立法的事项做出了明确划分，其文规定："联邦议会拥有就第七条第一分表（本宪法称为《联邦与各邦兼具表》）所列事项制定法律的权力。各邦邦议会拥有就第七条第二分表（本宪法称之为《各邦职权表》）所列事项，针对该邦或其部分地区制定法律的独享权力。联邦议会有权对印度境内不属于任何邦的任何地区就任何事项制定法律，即使该事项属于《各邦职权表》的范围亦无妨碍。”各级地方政府，包括地方自治机关、改进托管机构、地区理事会、矿业管理当局以及其他以地方自治或村民管理为目的的地方管理机构的结构和权力都属于邦政府的管辖范围。印度联邦政府、邦政府职权划分的具体项目见表 6-1。

表 6-1　　印度联邦、邦政府职权划分的具体项目

联邦政府	邦政府	联邦政府与 邦政府兼有事项
● 国防及其各个组成部分； ● 外交、领事和商务代表； ● 铁路、国家公路； ● 港口、航线； ● 邮局、电报、电话、无线电、广播等； ● 联邦财产及其收益； ● 联邦的公共债务； ● 油田与矿物资源； ● 由印度政府资助并被议会法律宣布为在全国具有重要意义的机构； ● 联邦的公益服务； ● 联邦退职金； ● 联邦账目与各邦账目的查账等 97 项	● 公共秩序（不包括联邦军队）； ● 警察（铁路和森林警察）； ● 监狱、感化院、少年感化机构等； ● 公共保健与卫生； ● 残疾与失业人员的救济； ● 邦所控制或负担经费的图书馆、博物馆及其他类似单位； ● 交通，包括市内有轨电车、索道、内河航道及内陆水运； ● 农业，包括农业教育与农业研究、植物病虫害防治； ● 邦一级的公益服务； ● 邦的公共债务等 66 项	● 流浪者、游牧部落和迁移部落； ● 药品和毒药； ● 经济与社会规划； ● 社会安全与社会保险、就业与失业； ● 教育，包括技术教育、医学教育和大学； ● 慈善事业与慈善机构、慈善与宗教捐赠、宗教机构； ● 电力； ● 报纸、书籍等 46 项

资料来源：根据印度宪法整理。

从表 6-1 可以看出，印度邦政府主要是在邦所辖范围内负责地方安全与发展；提供基础公共服务，如供水、供电、地方交通、公共卫生、教育、医疗和地方公益事业等；提供一些经济公共服务，如农业发展、咨询服务等；提供一些地方性公共安全服务，如监狱、警察等地方公共秩序维护服务。联邦政府担负着国家安全与发展的责任，如国防与外交、国家经济长期发展等。此外，对于联邦政府和邦政府的兼有事项，联邦政府拥有优先立法权。可见，印度宪法对立法权的相关规定更倾向于联邦政府。

（二）印度政府的支出规模

明确了印度联邦与邦的事权划分情况之后，需进一步厘清联邦与邦之间的支出责任。

总体而言，自1947年印度独立以来，其财政支出规模呈现出持续增长的趋势，图6-1是1990至2015财年印度政府总支出占GDP的比重的折线图。2014—2015财年，印度政府财政总支出占GDP的比重为27.47%，其中，发展性支出占GDP的比重为14.59%，非发展性支出占GDP的比重为12.88%。发展性支出是指国家用于公共交通及通信、科教文卫等社会服务，以及住房及城市发展、经济发展方面的支出。非发展性支出是指用于国防、债务、行政、财政以及社会福利等方面的支出。图6-1显示，自2006—2007财年以后，印度政府增加了对发展性支出的投入规模，这一趋势持续保持到现在。

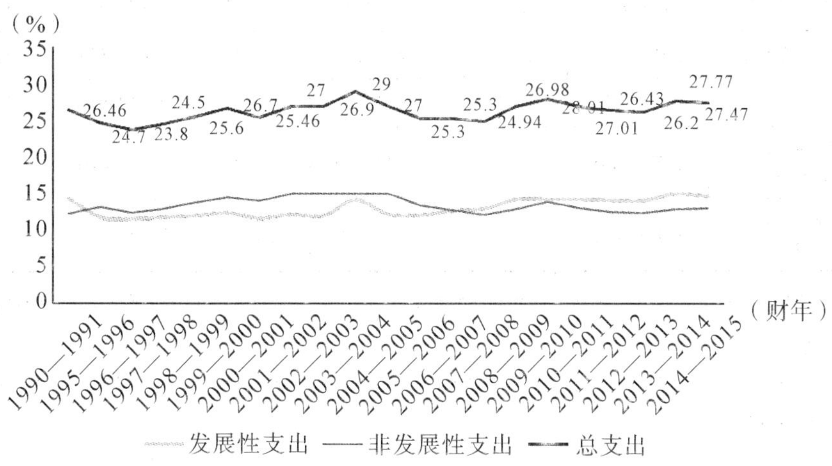

图6-1 1990—2015财年印度政府总支出占GDP的比重

数据来源：印度财政部（http://www.finmin.nic.in/index.asp），*INDIAN PUBLIC FINANCE STATISTICS* 2014—2015。数据经过整理。

表6-2列示了2000—2015财年印度联邦政府与邦政府的支出金额及该级政府支出占总支出的比重。从该表可以看出，联邦政府支出与邦政府支出在绝对金额上都呈现出较快的增长态势，尤其是近几年，邦政府支出增长尤为迅速，邦政府支出增长速度超过了联邦政府支出增长速度。2012—2015财年的数据显示，

联邦政府支出占全国总支出的比重小于邦政府支出占全国总支出的比重，且逐年下降。2014—2015 财年，联邦政府的支出规模为 177 944.2 亿卢比，占全国总支出的比重为 45.37%，同期邦政府支出规模为 214 270.8 亿卢比，占全国总支出的比重为 54.63%。数据显示，邦政府支出规模占逐渐超过联邦政府支出，在政府支出中占据越来越重要的位置，承担越来越多的支出责任。

表 6-2　　　　印度联邦政府与邦政府的财政支出及占比

财年	联邦政府		邦政府		总支出	
	金额（千万卢比）	占总支出的比重（%）	金额（千万卢比）	占总支出的比重（%）	金额（千万卢比）	占总支出的比重（%）
2000—2001	313 011	50.88	302 150	49.12	615 161	100
2003—2004	359 839	46.02	422 126	53.98	781 965	100
2006—2007	564 934	48.05	610 753	51.95	1 175 687	100
2009—2010	1 013 193	51.65	948 378	48.35	1 961 571	100
2012—2013	1 393 577	49.09	1 445 003	50.91	2 838 580	100
2013—2014（RE）	1 575 061	46.91	1 782 385	53.09	3 357 446	100
2014—2015（BE）	1 779 442	45.37	2 142 708	54.63	3 922 150	100

注：①RE 表示 Revised Estimates，即预算修订值，下文同理；②BE 表示 Budget Estimates，即预算估计值，下文同理。

数据来源：印度财政部（http：//www. finmin. nic. in/index. asp），*INDIAN PUBLIC FINANCE STATISTICS* 2014—2015。数据经过整理。

（三）联邦与邦政府的支出状况

联邦政府的支出和邦政府的支出构成了整个国家的政府支出。二者不仅在支出规模上存在差异，在具体的支出项目上也各不相同。与其事权划分相对应，联邦政府的支出多用于与国家安全和国家整体经济发展相关的事务，而邦政府支出侧重于为地方提供经济服务和社会服务，二者的支出项目的比较如表 6-3 所示。联邦政府和邦政府在非发展性支出方面有较大差异：联邦政府的支出包括国防、边境服务、与他国的科技及经济合作、对印度食品公司的补贴和对中央直辖区补助，而邦政府的支出项目包括减少或避免债务的拨款、食品补偿、对地方机构及潘查亚特的补偿、自然灾害救济、土地补偿。在发展性支出方面，联邦和邦政府的支出较为类似，不同之处仅在于联邦支出包含化肥补贴、对邦和中央直辖区的补助。此外，联邦政府的支出还包括对邦的法定补助。对邦的法定补助是指联邦政府根据宪法第二百七十五条第一款的规定，每年从印度统一基金中给议会认为需要帮助的各邦拨付一定款项。

表 6-3　　印度联邦政府与邦政府的支出项目比较

支出项目	不同点		相同点
	联邦政府	邦政府	
非发展性支出	国防、边境服务、与他国的科技及经济合作、对印度食品公司的补贴、对中央直辖区的补助、其他	减少或避免债务的拨款、食品补偿、对地方机构及潘查亚特的补偿、自然灾害救济、土地补偿、其他	利息支出、养老金及其他退休补助、行政服务、社会安全及福利、财政服务、邦机构
发展性支出	化肥补贴、对邦和中央直辖区的补助		社会及社区服务，农业及综合服务，电力、灌溉及洪水控制，交通运输，一般经济服务，公共活动，工业和矿业
对邦的法定补助	对邦的法定补助		
贷款及预付款			贷款及预付款

资料来源：印度财政部（http：//www. finmin. nic. in/index. asp），*INDIAN PUBLIC FINANCE STATISTICS* 2014—2015。数据经过整理。

联邦政府的支出分为发展性支出、非发展性支出、对邦的法定补助、贷款及预付款四大类，各大类下还有数十个子项。2014—2015 财年，联邦政府支出规模占总支出的比重排在前十的支出项目分别是利息、国防、社会社区服务、农业及综合服务、对邦和中央直辖区的拨款、对印度食品公司的补贴、交通运输、工业和矿业、养老金及其他退休补助、化肥补贴（如表 6-4 所示）。由表 6-4 可以看出印度联邦政府的主要支出范围以及发展趋势。近年来，印度联邦政府的利息支出居于第一位，除 2009—2010 财年和 2012—2013 财年有所下降外，一直呈增长趋势。这与印度近些年一直实行的财政赤字政策相关，同时说明印度联邦政府赤字不断扩大，财政支出与财政收入不平衡。2014—2015 财年，国防支出占总支出的 12. 87%，居第二位，虽然近几年有所减少，但印度国防支出还是相对偏高。社会及社区服务支出居于联邦支出的第三位，近些年，占总支出的比重一直在 10%左右。该项支出涉及科学，教育、文化和艺术，医疗和公众健康，家庭福利，住房供给，就业，城市发展以及社会安全等方面。其中的教育、文化和艺术方面的支出占联邦总支出的 4. 55%，印度对教育、文化和艺术方面的支出在近十年间增长了近一倍。除此之外，2014—2015 财年，联邦政府对邦和中央直辖区的拨款占联邦总支出的 6. 61%，位居联邦支出的第五位，但近些年联邦政府对邦和中央直辖区的拨款占总支出的比重在持续下降。

表 6-4　　印度联邦政府的主要支出项目及其占总支出的比重

财年		2006—2007	2009—2010	2012—2013	2013—2014	2014—2015
利息	金额(百万卢比)	150 272	213 093	313 170	380 066	427 011
	占总支出的比重(%)	26. 60	21. 03	22. 47	24. 13	24. 00
国防	金额(百万卢比)	85 510	141 781	181 776	203 672	229 000
	占总支出的比重(%)	15. 14	13. 99	13. 04	12. 93	12. 87
社会及社区服务	金额(百万卢比)	54 907	105 314	146 815	159 152	174 260
	占总支出的比重(%)	9. 72	10. 39	10. 54	10. 10	9. 79
农业及综合服务	金额(百万卢比)	30 593	62 330	73 814	75 264	119 049
	占总支出的比重(%)	5. 42	6. 15	5. 30	4. 78	6. 69
对邦和中央直辖区的拨款(发展性)	金额(百万卢比)	45 411	77 452	101 333	112 282	117 553
	占总支出的比重(%)	8. 04	7. 64	7. 27	7. 13	6. 61
对印度食品公司的补贴	金额(百万卢比)	24 014	58 443	85 000	92 000	115 000
	占总支出的比重(%)	4. 25	5. 77	6. 10	5. 84	6. 46

表6-4(续)

财年		2006—2007	2009—2010	2012—2013	2013—2014	2014—2015
交通运输	金额(百万卢比)	34 370	60 443	70 333	81 020	89 668
	占总支出的比重(%)	6.08	5.97	5.05	5.14	5.04
工业和矿业	金额(百万卢比)	13 111	28 643	112 672	102 972	84 643
	占总支出的比重(%)	2.32	2.83	8.09	6.54	4.76
养老金及其他退休补助	金额(百万卢比)	22 104	56 149	69 478	74 076	81 983
	占总支出的比重(%)	3.91	5.54	4.99	4.70	4.61
化肥补贴	金额(百万卢比)	26 222	61 264	65 613	67 972	72 970
	占总支出的比重(%)	4.64	6.05	4.71	4.32	4.10
总支出	金额(百万卢比)	564 934	1 013 193	1 393 577	1 575 061	1 779 442
	占总支出的比重(%)	100.00	100.00	100.00	100.00	100.00

注：笔者挑选了2014—2015财年印度联邦政府支出中排名前十的支出项目进行列示。

数据来源：印度财政部（http：//www. finmin. nic. in/index. asp），*INDIAN PUBLIC FINANCE STATISTICS* 2014—2015。数据经过整理。

邦政府支出由发展性支出、非发展性支出、贷款及预付款三项组成，但贷款及预付款金额较小，低于邦政府总支出的1%。图6-2是2014—2015财年印度邦政府支出结构图。如图6-2所示，邦政府各支出项目的支出金额占邦政府总支出的比重由高到低分别为社会及社区服务，农业及综合服务，利息，电力、灌溉及防洪，养老金及退休福利、交通运输等几个方面。社会及社区服务是邦政府支出比重最高的一项，高达36.75%。邦政府的社会及社区服务涉及教育，艺术与文化，科学服务与研究，医疗、公共卫生、环境卫生及供水，家庭福利，房屋，城市发展，劳工与就业，自然灾害救济，社会安全及保障等方面。其具体构成如图6-3所示。由图6-3可知，社会及社区服务中投入最多的是教育、文化与艺术，其次是医疗、公共卫生、环境卫生及供水。农业及综合服务是邦政府的第二大支出项目，占邦支出的11.42%。邦政府的利息支出占邦政府支出的9.16%，是邦政府的第三大支出项目，表明邦政府负担有大量的债务。

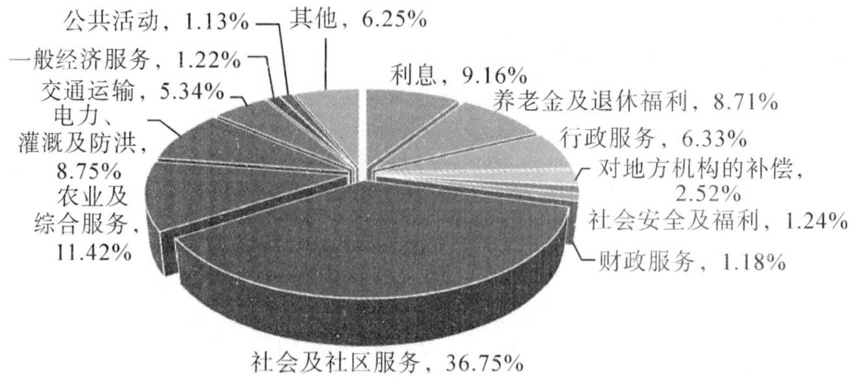

图 6-2　2014—2015 财年印度邦政府支出结构

数据来源：根据印度财政部（http：//www. finmin. nic. in/index. asp）的财政统计资料 *INDIAN PUBLIC FINANCE STATISTICS* 2014—2015 计算绘制。

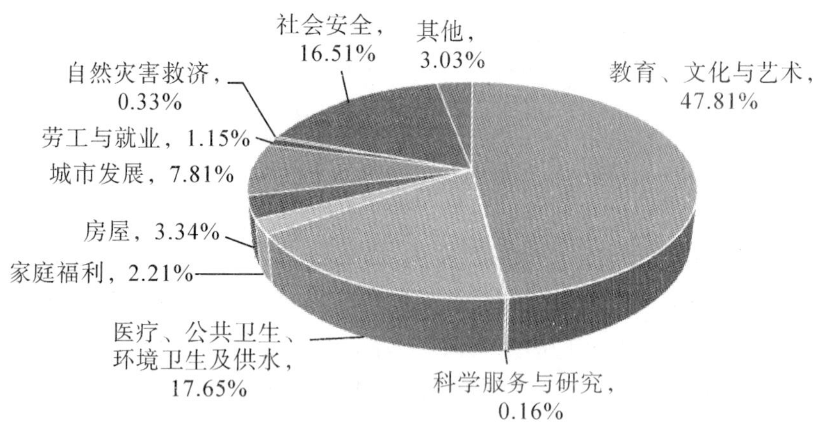

图 6-3　2014—2015 财年印度邦政府社会及社区服务支出结构

数据来源：根据印度财政部（http：//www. finmin. nic. in/index. asp）的财政统计资料 *INDIAN PUBLIC FINANCE STATISTICS* 2014—2015 计算绘制。

对比分析上述联邦政府和邦政府的各项数据可知：首先，联邦政府和邦政府对各自事权划分清晰的项目进行支出，如联邦政府的国防支出、对邦及中央直辖区的拨款和邦政府对地方机构的补偿。其次，联邦政府与邦政府对事权划分重叠的项目进行共同支出。但在这些共同支出项目中，各自承担的支出规模有较大差距，发展性支出项目多由邦政府承担，而非发展性支出多由联邦政府承担。具体而言，在发展性支出中，邦政府和联邦政府共同负责社会及社区服务，农业及综合服务，电力、灌溉及洪水控制三项支出，且这三项支出占政府总支出的比重较高，但这三项支出主要由邦政府承担。在非发展性支出中，养老金及退休福利、行政服务、社会安全及福利、财政服务等支出由邦政府和联邦政府共同承担。邦政府对发展性支出承担较多，显示了邦政府在促进地方经济发展和提供地方服务中的重要地位。

二、 印度的税收划分与地方税收

（一）印度政府的收入

印度政府的收入来源于两部分：一是经常性收入（revenue receipts），二是资本性收入（capital receipts）。经常性收入是指来源于税收和非税收入的收入。资本收入是指来源于贷款、债务和证券等方面的收入。2014—2015 财年，印度政府总收入规模为 35 306 亿卢比，其中经常性收入占 75.2%，资本性收入占 24.8%。税收收入包括直接税收入和间接税收入。税收收入是印度政府收入的最主要来源，占政府经常性收入的比重接近 90%。非税收入较少，约占政府经常性收入的 12%。就税收结构来看，直接税和间接税的组成情况有较大变化。自分税制改革以来，直接税的比重不断增加而间接税的比重不断减少，直到最近几年，两者的比重呈现出比较稳定的状态。2014—2015 财年，印度直接税收入占政府总收入的 29.31%，间接税收入占政府总收入 58.31%，而非税收入只占政府总收入的 12.38%。

表 6-5 是 2014—2015 财年印度政府经常性收入的组成项目，显示了联邦和邦政府的经常性收入项目有较大差别。在税收收入方面，联邦政府对主要税种拥有征税权力，如公司税、关税、消费税等；邦政府对某些特殊税种具有征税权力，如农业税、娱乐税、蔗糖购置税等。在非税收入方面，联邦政府拥有大量收入项目，如铁路、邮政、RBI 收益、海外交流服务、工厂、防卫、原油、食用油、电视及电台服务、照明等项目。

表 6-5　　印度联邦和邦政府的经常性收入项目

<table>
<tr><th colspan="2">收入项目</th><th>联邦政府</th><th>邦政府</th></tr>
<tr><td rowspan="3">税收收入</td><td rowspan="2">非共享税</td><td>利息税、赠与税、支出税</td><td>农业税、娱乐税、蔗糖购置税</td></tr>
<tr><td colspan="2">土地收益税、酒店收益税、邦消费税、印花税及登记费、一般销售税、车船税、商品和旅客税、电力税</td></tr>
<tr><td>共享税</td><td colspan="2">公司税、收入税、房地产税、财富税、关税、联邦消费税、服务税</td></tr>
<tr><td rowspan="4">非税收入</td><td>承担公共事务的收入</td><td>铁路、邮政、RBI 收益、海外交流服务、工厂、防卫、原油、食用油、电视及电台服务、照明</td><td>矿物、灌溉和河道</td></tr>
<tr><td rowspan="3">其他服务的收入</td><td colspan="2">森林、能源、道路和水运、乳制品、自动能源工业</td></tr>
<tr><td>财政服务、国外捐赠</td><td>联邦补助</td></tr>
<tr><td colspan="2">利息收入、一般服务、社会及社区服务、经济服务</td></tr>
</table>

注：一般销售税包括了增值税。

资料来源：印度财政部（http：//www. finmin. nic. in/index. asp），*INDIAN PUBLIC FINANCE STATISTICS* 2014—2015。数据经过整理。

印度联邦政府较邦政府拥有更多的收入来源。由于印度邦政府承担了更多的政府支出责任，为保障邦政府支出责任的履行，联邦政府通过多种形式对邦政府进行补助和转移支付。首先，公司税、收入税、房地产税、财富税、关税、联邦消费税、服务税等共享税由联邦政府征收，但联邦政府按规定比例划归给征税各邦，并按规定办法在规定时间分配给有关各邦。表 6-6 显示了近几年印度联邦政府通过税收转移，将联邦政府约 24%的收益性收入转移给邦政府，以解决收支不均衡的问题。其次，联邦政府还通过财政补助对邦政府进行支持，且财政补助金额波动幅度较大。由表 6-6 可知，近几年联邦政府对邦政府的财政补助不低于联邦收益性收入的 14%。此外，为弥补邦政府的财政收支缺口，联邦政府也通过贷款的方式缓解邦政府的财政资金压力。

表 6-6 印度联邦政府对邦政府的税收转移和财政补助

财年	联邦政府	邦政府				
			税收转移		财政补助	
	收益性收入（百万卢比）	收益性收入（百万卢比）	金额（百万卢比）	占比（%）	金额（百万卢比）	占比（%）
①	②	③	④	⑤=④/②	⑤	⑥=⑤/②
2006—2007	569 012	539 340	122 330	21. 50	90 185	15. 85
2009—2010	770 151	761 367	167 992	21. 81	140 955	18. 30
2012—2013	1 206 682	1 246 827	294 357	24. 39	177 708	14. 73
2013—2014（RE）	1 393 082	1 497 284	322 880	23. 18	198 373	14. 24
2014—2015（BE）	1 619 271	1 847 396	387 266	23. 92	368 109	22. 73

注：邦政府的收益性收入包含税收转移和补助。

数据来源：印度财政部（http：//www. finmin. nic. in/index. asp），*INDIAN PUBLIC FINANCE STATISTICS* 2014—2015。数据经过整理。

（二）联邦政府与邦政府的税权划分与税收收入

印度税制以宪法为基础，没有议会的授权，政府不能课税。印度宪法对联邦政府和邦政府的课税权力进行了明确划分，邦以下地方政府的课税权由邦进行规定。印度税制较为复杂，既有直接税与间接税之分，又有联邦税与邦税之分。过去 10 到 15 年间，印度税收制度经历了巨大改革。通过改革，印度的税率更加合理，税收法规更加简化。从 2005 年 4 月 1 日起，大部分印度的邦政府都以增值税代替了销售税。有些税收由联邦政府征收，但联邦政府通过转移支付给邦政府，形成共享税，如消费税、所得税和关税。印度课税权力在联邦与邦之间的分配如表6-7所示。

由表 6-5 和表 6-7 可知，印度税收的征税权与税收收入分配权存在某些不一致。其原因是印度宪法对征税权和税收收入分配权都进行了划分：由各邦征收的税收不纳入印度统一基金，而归该邦所有；由联邦征收的收入税、消费税、继承税、财产税、货物或旅客税、印花税、销售税，除应划归中央直辖区或者支付联邦人员薪酬的部分以外，不纳入印度统一基金，而应划归该年度内征收上述捐税的各邦。各邦分配上述税款时应根据议会法律确定的分配原则。根据这些原则，联邦与邦的税收收入及占比情况如表6-8所示。联邦政府虽占据了大多数税种的征收权力，但其税收收入的分配与支出责任相一致。由表6-8可知，通过税收转移，2014—2015财年，邦政府税收收入占总税收收入的56.3%，联邦政府的税收收入占总税收收入的43.69%。

表6-7　　印度联邦与邦政府的征税权力分配

联邦政府	邦政府
● 收入税，不包括农业收入； ● 关税，包括出口税； ● 对加工或生产的烟草和其他物品所征的税； ● 公司所得税； ● 资本价值税，不包括农业用地； ● 房地产税，不包括农业用地； ● 财产继承税，不包括农业用地； ● 针对铁路、海运、航空的货物或旅客税； ● 证券交易所与期货市场交易除印花税以外的其他税收； ● 针对汇票、支票、期票、提单、信用状、保险单、股票过户凭单、债券、委托书和收据的印花税； ● 报纸购销税和报纸广告税	● 针对农业收入的收入税； ● 针对农业用地的继承税； ● 针对农业用地的地产税； ● 矿业税； ● 对加工或者生产饮用酒精饮料及鸦片、印度大麻、其他麻醉药物和麻醉剂所征收的税； ● 对进入本地供消费、使用或销售的商品所征收的税； ● 电力税； ● 针对报纸广告以外的其他广告的广告税； ● 针对公路或内河航运的货物或旅客税； ● 销售税； ● 对各种职业、行业的工作所征收的税； ● 人头税； ● 娱乐税； ● 对左边列举之外的凭证征收的印花税

资料来源：根据印度财政部（http：//www. finmin. nic. in/index. asp）的资料整理而成。

表6-8　　印度联邦和邦政府的税收收入及占比

财年	联邦政府		邦政府		总税收收入	
	金额（百万卢比）	占总税收收入的比重（%）	金额（百万卢比）	占总税收收入的比重（%）	金额（百万卢比）	占总税收收入的比重（%）
2003—2004	186 982	45. 29	225 886	54. 71	412 868	100. 00
2006—2007	351 182	47. 80	383 547	52. 20	734 729	100. 00

表6-8(续)

财年	联邦政府		邦政府		总税收收入	
	金额（百万卢比）	占总税收收入的比重（%）	金额（百万卢比）	占总税收收入的比重（%）	金额（百万卢比）	占总税收收入的比重（%）
2009—2010	456 536	45. 64	543 673	54. 36	1 000 209	100. 00
2012—2013	741 877	43. 30	971 430	56. 70	1 713 307	100. 00
2013—2014（RE）	836 026	42. 87	1 113 933	57. 13	1 949 959	100. 00
2014—2015（BE）	977 258	43. 69	1 259 298	56. 31	2 236 556	100. 00

数据来源：印度财政部（http：//www. finmin. nic. in/index. asp），*INDIAN PUBLIC FINANCE STATISTICS* 2014—2015。数据经过整理。

由表 6-9 可知，2014—2015 财年，印度邦政府税收收入为 1 259 亿卢比，其中 18. 88%的收入来自直接税，81. 12%的收入来自间接税。由此可见，间接税为邦政府税收收入的主要来源。共有 18 个税种可作为邦政府的税收收入来源，其中有 7 个税种为共享税，分别是公司税、收入税、房地产税、财富税、关税、联邦消费税、服务税。共享税的收入占邦政府税收收入的 30. 63%。除共享税外，其他比较重要的邦政府的主要税收来源包括一般销售税、邦消费税、印花税及登记费、车船税、商品和旅客税、电力税和汽油销售税等。

表 6-9　　2014—2015 财年印度邦政府的税收收入结构

税种	金额（百万卢比）	占总税收收入的比重（%）
直接税	237 755	18. 88
公司税	132 419	10. 52
收入税	86 538	6. 87
房地产税	0	0. 00
财富税	395	0. 03
土地收益税	11 586	0. 92

表6-9(续)

税种	金额（百万卢比）	占总税收收入的比重（%）
农业税	180	0.01
酒店收益税	69	0.005
其他	6 567	0.52
间接税	1 021 543	81.12
一般销售税	540 424	42.91
邦消费税	100 117	7.95
印花税及登记费	98 040	7.79
服务税	63 423	5.04
汽油销售税	18 575	1.48
关税	61 494	4.88
联邦消费税	41 439	3.29
车船税	43 321	3.44
娱乐税	2 294	0.18
商品和旅客税	21 718	1.72
电力税	24 927	1.98
蔗糖购置税	166	0.01
其他	5 606	0.45
总计	1 259 298	100.00

数据来源：印度财政部（http：//www.finmin.nic.in/index.asp），*INDIAN PUBLIC FINANCE STATISTICS* 2014—2015。数据经过整理。

（三）邦的主要税种

1. 公司税

印度公司税相当于企业所得税，是指印度政府对居民公司和非居民公司征税所得。居民公司认定依据注册地标准和实际管理机构标准，二者居其一即可。居民公司就其国内外所得纳税，税率为30%；非居民公司只对境内所得纳税，税率为35%。在公司税基础上，还需缴纳附加税、教育费附加及中等和高等教育费附加，税率分别为10%~12%、2%和1%。

2. 收入税

收入税也称个人所得税，纳税人包括居民纳税人和非居民纳税人。是否认定为居民或者非居民的标准是个人在印度停留时间的长短。居民纳税人就全世界所得纳税，非居民纳税人只就来源于印度的所得纳税。收入税分为工薪所得、房产所得、经营所得、资本利得和其他所得。收入税的征收方法是先对各类所得分别计算，然后加总依税率进行征税。印度对个人所得征税实行超额累进税率，目前适用的免征额为250 000卢比，税率分为三个等级，起征税率为10%，最高税率为30%，最高税率适用的收入为1 000 000卢比（见表6-10）。对于年龄超过一定岁数的，在免征额和税率上又有特别规定。

表6-10　　2016—2017课税年度印度个人所得税税率表

级数	全年应纳税所得额	税率（%）
1	不超过250 000卢比的部分	0
2	超过250 000卢比至500 000卢比的部分	10
3	超过500 000卢比至1 000 000卢比的部分	20
4	超过1 000 000卢比的部分	30

3. 一般销售税

一般销售税是对商品销售收入所征收的一种税，属于流转税及货物劳务税的范畴。从2005年开始，印度开始以增值税代替销售税，故一般销售税包括了销售税和增值税。各邦对所有邦内及跨邦的商品生产和销售征收增值税。增值税的征税对象是生产和流通各个环节所产生的增值额，标准税率为12.5%，必需品税率为0，金银宝石税率为1%，工业品购进、资本货物及大量消耗品的税率为4%，石油产品、烟草及烈性酒等产品需缴纳更高的增值税，具体税率各邦有所差异。对小规模纳税（年销售额500万卢比以下）实行简易征收，征收率为4%。

4. 消费税

印度消费税按征收主体分为联邦消费税和邦消费税，联邦消费税占消费税税收的80%以上。消费税主要来源于电子产品、石油石化、金属制品、化学制品和交通工具五个行业。消费税分为基本消费税和特种消费税，除对小汽车、石油石化、化妆品、轮胎、烟草等消费品征收特殊消费税外，对其他绝大多数消费品征收基本消费税。基本消费税率为16%。

5. 印花税及登记费

对汇票、支票、期票、提单、信用证、保险单、股票过户凭单、债券、委托书和收据征收印花税的课税权力属于联邦政府，其他类别印花税的课税权力属于邦政府。

6. 服务税

在印度境内接受运输服务、人工服务、租赁服务、工程分包及专业技术服务等服务时，印度政府对服务征收10%的服务税（加2%的教育税）。若印度境内可征税的服务获得的服务报酬为在印度国内可兑换且不会汇出印度的货币，那么该服务将获得免征服务税优惠。

7. 关税

印度对进口的商品征收基本关税、附加关税及教育税。基本关税税率在印度的关税法中有明确规定。印度工业产品的基本关税的最高税率为15%。附加关税等同于针对印度国内商品所征收的消费税。进口产品还需缴纳税率为2%的教育税。关税的计算标准为进口商品的交易价格。

三、 结论与启示

中国与印度同为人口众多、经济保持高速增长的发展中国家。印度地方政府的支出责任和地方税收体系对我国财税体制改革具有一定的启示作用和参照意义。

第一，财权集中要适度。不可否认，印度的财权集中，在很大程度上有助于全国的稳定统一和该国经济的发展。然而，随着经济社会的发展，高度集中的财权使得地方经济发展有较大的局限性，不能自由发挥其地方的优势，从而影响经济资源的自由流动和当地经济发展。此外，中央的补助占地方收入较大份额，一方面有助于均衡地区间发展，另一方面也会降低地方的财政自主性和可问责性，并可能产生地方收支的逆向激励，从而导致财政资源的错配，降低财政资金的使用效率，不利于经济社会的长期持续发展。我国在财权和税权划分时，要妥善处理中央与地方的财力配置关系，在财力初始配置上，应适度集中，以促进中央平衡地区经济社会发展和公共服务均等化的能力；同时，财力也不能过度集中，应保持地方有相当的财力自主性，以增强地方的积极性和问责性。

第二，依据事权划分税权。财权的划分应与事权相匹配，鉴于税收是财政收入的主要来源，税权的划分也应与事权的划分相匹配。事权不清，则税权难分，分税制难以真正形成。因此，首先应划清中央和地方各自承担的行政管理职责和公共服务提供职责，即各自的事权；其次，要依据中央和地方的事权来确定其分享的税权。随着社会经济的进一步发展，中央和地方对事权的划分也非固定不变的，应随时、随势发展与变化，与之对应，对税权的划分也应做出相应调整。我国处于分税制改革的关键时期，税权的划分应与各级政府事权支出相协调。在科学、合理地划分中央与地方事权和支出责任的情况下，我国应进一步推进税制改革和税收划分及地方税建设，从而实现政府间财政关系与经济和社会的持续发展相适应。

第三，科学合理地划分事权、设置地方税。事权的划分和地方税的设置没有标准答案和统一做法。由于经济、社会、政治、文化、历史、地理等原因，理论上最优的事权和税收划分模式、他国实践成功的事权划分与地方税设置方式，是一国具体改革的有益参考，但不是答案。中国的事权划分和地方税建设应基于中国特定的现实情境。我国应基于不同事权或公共事务的特征、中央与地方的特点和供给不同公共服务的能力、激励相容与权责利统一等原则，以法治的方式对各项事权和支出责任进行科学合理划分。地方税是地方履行其事权和支出责任的重要财力保障，但由于税收自身的约束（如税种数量、不同税种税收能力的差异等），单靠地方税难以满足地方事权和支出需要。除地方税及税收外，转移支付、债务、收费及其他非税收入都是地方政府的重要收入来源。应在合理确定地方税在地方政府收入中的地位的情况下，基于税种属性、税收划分的激励效应、税收能力、税收征管及改革变动的税制等，以法治的方式科学合理地进行税收分权和设置地方税。

第四，财政转移支付要多样、适宜。转移支付在平衡中央与地方政府收入之间以及各地方政府收入之间起着重要的作用。一直以来，印度联邦政府采取税收转移、转移支付和贷款三种方式对各邦进行财政援助。首先，不同时期，联邦政府的援助方式不同。早期，印度联邦政府主要通过贷款的方式对地方政府进行援助，导致地方政府债务不断攀升；后来转变财政援助的方式，逐渐转变成税收转移和财政补助。其次，印度联邦政府对不同地区采取区别对待的援助方式。印度联邦政府对发达地区的援助以贷款为主，对落后地区的援助以税收转移和财政补助为主。相对于中央政府，中国的地方政府承担了过多的事权和支出责任。与此相适应，中央对地方有大量的一般性和专项转移支付，且提高了一般性转移支付的比例，降低了专项转移支付的比例。但需要注意的是，转移支付规模以及一般性转移支付与专项转移支付结构的确定，应该是基于中央与地方事权和支出责任的总体划分、各项具体事权及支出责任的划分、财力和税收的分配等。转移支付的规模、结构和方式都应与此相适应进行选择和设计。

第七章　韩国地方政府的支出责任与地方税收：实践与启示

本章提要：本章从韩国政府的概况入手，全面系统地梳理了韩国中央政府、高级地方政府和低级地方政府的事权与支出责任、政府间财政收入和税权划分、地方政府的主要税种等内容；同时，对韩国政府间事权与支出责任的划分以及地方税收体系的建立实践进行分析，为我国进一步完善财权与事权、建立与支出责任相匹配的现代财税管理体制提供经验和建议。

一、韩国政府与财政概况

（一）政府结构

韩国是一个单一制的国家。在单一制国家中，中央政府拥有统一立法、司法和行政的权力，并且可以通过放权设立区域和地方派出机构，从而以单个整体的形式组成国家的政治架构。历史上，韩国各地方就已设有自治机关，但却一直受中央政权的严格控制。20 世纪 80 年代以来，韩国日益重视分权于地方，出台了《地方自治法》，加强了地方政府的自主性，但是效果并不十分显著。1986 年，韩国地方政府的平均财政自给率约为 58%，而 1995 年又下降至约 53%。可见，地方政府仍然只是中央政府的地方行政派出机构，中央政府对地方政府仍然拥有较大的控制权。直至 1995 年，地方政府行政长官开始全部实行直选制，才使得地方政府真正具有自主决策的权力。之后，地方政府逐渐成为政府结构体系中的重要组成部分。

根据 1988 年修订的《地方自治法》和在 1994 年 12 月 20 日修订通过的第 4789 号法案，韩国的地方政府被称为地方自治团体。一般来说，韩国的地方政府可以分为两种类型，即高级地方政府（Upper-level Local Government）和低级地方政府（Lower-level Local Government）。前者由总理（内务部部长）直接管辖的首尔特别市以及由内务部管辖的 6 个广域市（直辖市）和 9 个道（省）组成。2012 年 7 月 1 日，作为新行政首都的世宗特别自治市（Sejong Special Autonomous City）成立，该市由燕岐郡全域和公州市、清原郡的部分地区合并而成。根据相关法律规定，世宗特别自治市归属于高级地方政府。区是指在特别市政府或者广域市政府法定权限范围内设立的地方政府，即自治区；市是指下设于道的地方政府，而郡是指下设于广域市或道的地方政府。

此外，人口数量在 50 万以上的城市（广域市除外）可以设立非自治区；市、区可以下设洞（镇）；郡可以下设邑（镇）或面（村）；邑、面可以下设里（街）。但是，仅高级地方政府和包含自治区、市、郡、非自治区等的低级地方政府实体享有自治权，而更低一层的地方政府，如洞、邑和面等，仅仅是低级地方政府实体的派出机构。这些最基层的分支机构并不具有自治权，因而不属于地方行政实体。高级地方政府实施的自治称为广域自治，而低级地方政府实施的自治称为基础自治。图 7-1 为韩国地方组织的层次结构图。

如表 7-1 所示，截至 2014 年，韩国共有 17 个高级地方政府和 263 个低级地方政府，包括 77 个市、82 个郡、69 个自治区和 35 个非自治区。其中，25 个自治区由首尔特别市管辖，44 个自治区由 6 个广域市管辖，其余 35 个非自治区则由 9 个道管辖。

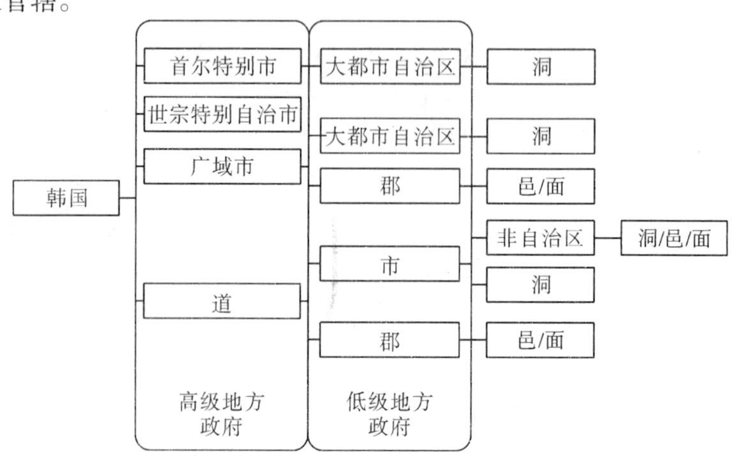

图 7-1　韩国地方政府组织层次结构图

注：非自治区由人口数量在 50 万以上的非广域市设立，也属于低级地方政府。

表 7-1　　　　　　　　　　　　韩国地方政府概况表

行政区划		二级政区（2014）			面积（平方千米）	人口（2015，万人）	首府
		区	市	郡			
特别市 Capital Metropolitan City	首尔特别市	25	–	–	605.40	990.43	中区
特别自治市 Special Autonomous City	世宗特别自治市	–	–	–	465.23	20.41	–
广域市 Metropolitan City	釜山广域市	15	–	1	764.43	344.87	莲堤区
	大邱广域市	7	–	1	884.46	246.61	中区
	仁川广域市	8	–	2	994.12	289.05	南洞区
	光州广域市	5	–	–	501.41	150.29	东区
	大田广域市	5	–	–	539.78	153.84	中区
	蔚山广域市	4	–	1	1 057.14	116.66	南区
道 Province	京畿道	20	28	3	10 130.86	1 247.91	水原市劝善区
	江原道	–	7	11	16 613.46	151.80	春川市
	忠清北道	4	3	8	7 431.44	158.93	清州市上党区
	忠清南道	2	8	7	8 600.52	210.78	洪城郡
	全罗北道	2	6	8	8 054.62	183.41	全州市完山区
	全罗南道	–	5	17	12 073.46	179.90	务安郡(南岳新都市)
	庆尚北道	2	10	13	19 025.96	268.03	大邱广域市北区
	庆尚南道	5	8	10	1 050.82	333.45	昌原市
特别自治道 Special Autonomous Province	济州特别自治道	–	2	–	1 848.27	60.56	济州市

注：1995 年 1 月 1 日，直辖市改称为广域市；2006 年 7 月 1 日，济州特别自治道成立，取消自治团体，划分两个行政市，北济州郡并入济州市，南济州郡并入西归浦市；2014 年 7 月 1 日，忠清南道清州市、清原郡合并，合并后新的清州市由原来的 2 个区调整为 4 个区。

资料来源：韩国国家统计局（Korean Statistical Information Service，KOSIS）（http：//kosis. kr/eng/），行政区划网（www. xzqh. org/old/waiguo/asia/1005. htm）。

（二）政府财政收支规模

2006 至 2015 财年，韩国财政收入持续增长，财政支出在总体上也呈现出不断增长的趋势。由表 7-2 可知，其中，财政收入由 2006 财年的 319. 27 兆亿韩元

增长至2015财年的517.95兆亿韩元；财政支出从2006财年的277.42兆亿韩元增长至2015财年的457.03兆亿韩元。韩国财政收入占GDP的比重基本上保持在31%至36%之间，而财政支出占GDP的比重略低于财政收入占GDP的比重，在27%至33%之间浮动。

表7-2　　2006—2015财年韩国财政收支情况

财政年度	2006	2007	2008	2009	2010	2011	2012	2013	2014	2015
总收入（兆亿韩元）	319.27	344.08	370.81	408.67	398.49	414.11	434.76	458.32	470.10	517.95
总支出（兆亿韩元）	277.42	286.20	320.80	369.51	358.04	371.50	393.37	415.85	421.08	457.03
GDP（兆亿韩元）	966.05	1 043.26	1 104.49	1 151.71	1 265.31	1 332.68	1 377.46	1 429.45	1 486.08	1 558.59
总收入占GDP的比重（%）	33.05	32.98	33.57	35.48	31.49	31.07	31.56	32.06	31.63	33.23
总支出占GDP的比重（%）	28.72	27.43	29.05	32.08	28.30	27.88	28.56	29.09	28.33	29.32

数据来源：韩国内政部（Ministry of the Interior，MOI）（http：//lofin. moi. go. kr/portal/main. do），“2006—2015 년도 지방재정연감（결산）”“5. 지방자치단체 세입・세출결산 총계 및 순계 비교（총괄）”“6. 지방자치단체 결산 경제성질별 순계분석（총괄）”；韩国企划财政部（Ministry of Strategy and Finance，MOSF），*Summary of Financial Implementation for Financial Year* 2006—2015；韩国国家统计局（KOSIS）（http：//kosis. kr/eng/），*Main Annual Indicators*。数据经过整理。

二、韩国地方政府的事权与支出责任

（一）中央政府与地方政府的事权

韩国的财政管理体制是建立在分税制基础上的，属于分级预算管理体制。这种财政体制，有利于形成分工合理、权责一致的国家权力纵向配置体系与运行机制。只有明确了政府间事权的划分，才能界定各级政府的支出责任。划分中央政府和地方政府职能的原则主要有：①地方优先原则（非竞争原则）；②经济行政原则（效益行政原则）；③责任明晰原则；④地方特色原则（利益范围原则）；⑤整合原则。根据这些原则，《大韩民国宪法》和《地方自治法》均对地方政府与中央政府之间的职权划分做出了明确的规定，从而使得中央政府与地方政府可以各司其职，实现各级政府事权规范化、法律化，提高行政效率。

首先，《大韩民国第六共和国宪法》（于 1987 年 10 月 27 日通过）规定了地方政府的职权范围。在第八章地方自治中的第一百一十七条规定“地方自治团体处理关于居民福利的事务，管理财产，并在法令的范围内制定关于自治的规定。地方自治团体的种类由法律来规定。”

其次，最新修订的《地方自治法》规定了地方政府的具体职责范围，明确了不同类型的地方政府之间职权划分的标准和处理国家事务的限制。其中第九条规定“地方政府应遵循《地方自治法》及其附属法令的有关规定，在其权限范围内管理地方自治事务以及受委托的其他事务”，并对地方政府的具体职责做出了共 6 个大类、57 个小类的详细规定；第十条对高级地方政府和低级地方政府的职权进行了具体的划分；第十一条则规定了地方政府无权管理的国家事务，即中央政府的职权范围。韩国中央政府和地方政府的事权划分情况具体见表 7-3。

其中，高级地方政府负责的具体事务主要有：①协调有关中央政府与低级地方政府之间关系的事务；②涉及范围较大（涉及两个及以上低级地方政府）的事务；③低级地方政府无法独立完成或在财政、技术上难以完成的事务，例如，两个及以上低级地方政府共同参与的公共设施的管理和建设事务；④具有高级地方政府范围内统一标准性质的事务。

低级地方政府则负责管理高级地方政府负责外的所有地方事务，通过行政区系统（非自治区、洞、邑、面）为当地居民提供服务。此外，若非广域市的人口超过 50 万，还需要管理一定的道（省）级事务，如医疗机构、地方公共企业等。《地方自治法》第十条第三款还规定“高级地方政府和低级地方政府在管理地方事务时不应产生权限的冲突，若管辖权出现冲突，低级地方政府享有管理的优先权。”这一规定使得低级地方政府能充分利用公共服务提供方面的信息优势，因地制宜处理地方事务，在一定程度上保证了地方政府的行政效率和配置效率。

表 7-3 韩国中央政府和地方政府的事权划分情况

	事权	举例
中央政府	事关民族存亡或者与国家发展直接相关的事务	外交、国防、国家选举、国家税收的管理
	全国性事务	国家发展的总体规划，经济发展计划，产业结构调整，国有资源的管理，失业救济措施、社会保险与保障
	地方政府无法独立完成或在财政、技术上难以完成的事务	邮政、电信、铁路、航空、大学教育、气象预报、核能源的开发
	具有全国统一标准性质的事务	货币政策、财政政策、进出口政策的制定，统计、度量的管理，工作日与节假日的规定
地方政府	地方政府的权限、机构设置和与行政管理相关的事务	权限范围内行政区划的管理、地方规章、人事管理、地方税收的管理、公有财产的管理、居民登记、地方数据统计
	增进居民福利的事务	公共设施的管理和建设事务、保护老弱病残孕、地方公共企业的建立和运营
	与农业、林业、商业和工业发展相关的事务	公有森林资源的管理，鼓励、资助、指导农业发展，支持中小企业、当地特色产业发展，推动当地旅游业的发展
	与地方发展密切相关的事务，以及兴建和管理与居民生活紧密相关的环境工程	地方土木工程、城市发展规划、地方公路、地方供水系统的管理、地方基础设施建设
	发展教育、体育、文化和艺术的事务	基础教育机构的建立和经营，公共教育、体育和文化设施的建设和管理，地方文化遗产
	与地方民防及消防相关的事务	组织、指导和监察地方及某些工作场所的民防队伍的建设，包括志愿消防队

注：地方政府的事权包括其地方自治事务和国家机关或其他地方政府委托的事务，如公共设施的管理和建设事务、地方税收的管理等。

由于公共物品与服务的配置在地区间可能存在一定的外部性，且地方政府不能很好地从整体上把握全国经济发展，因此，涉及面越广泛的事务越应由高层级的政府机构进行管理，越具有地方特色、需要地方信息的事务越应由低层级的政府机构进行管理，而中间层级的地方政府更多地负责协调上下级政府之间的关系。

（二）中央政府与地方政府的支出责任

在韩国中央政府、高级和低级地方政府中，中央政府的支出责任很大，需要对高级地方政府和低级地方政府给予转移支付；高级地方政府主要负责协调各政府间横向与纵向的关系，支出责任最小；低级地方政府的支出责任则介于两者之间。从财政支出看，以 2015 财年为例，中央政府净支出为 281.70 兆亿韩元，占政府总支出的 61.64%；高级地方政府净支出为 63.24 兆亿韩元，占政府总支出的 13.84%；低级地方政府净支出为 112.09 兆亿韩元，占政府总支出的 24.53%。根据表 7-4，在 2006 至 2015 财年，中央政府净支出占总支出的比重在 59%~64%，且整体上呈下降的趋势；而高级地方政府净支出所占比重维持在 13%~16%；低级地方政府净支出所占比重维持在 22%~26%，且整体呈上升的趋势。可见，中央政府的支出责任在逐渐缩减，而地方政府的支出责任在逐渐扩大。这在一定程度上意味着中央政府对地方政府的控制权在逐渐减弱，地方政府的自主性在不断加强。

表 7-4　　2006—2015 财年韩国各级政府的财政支出情况

财政年度	中央政府总支出		政府间转移支付		中央政府净支出		高级地方政府净支出		低级地方政府净支出		总计
	金额（兆亿韩元）	占总支出的比重（%）	金额（兆亿韩元）	占总支出的比重（%）	金额（兆亿韩元）	占总支出的比重（%）	金额（兆亿韩元）	占总支出的比重（%）	金额（兆亿韩元）	占总支出的比重（%）	金额（兆亿韩元）
2006	200.88	73.81	-26.77	10.47	174.11	62.76	40.37	14.00	62.93	22.67	277.42
2007	196.90	72.41	-23.71	9.65	173.19	60.52	45.62	14.55	67.38	22.68	286.20
2008	222.89	68.80	-27.09	8.28	195.81	61.04	48.25	15.94	76.75	23.54	320.80
2009	252.18	69.48	-32.33	8.44	219.85	59.50	53.60	15.04	96.06	23.92	369.51
2010	248.65	68.25	-29.19	8.75	219.47	61.30	51.37	14.50	87.21	26.00	358.04
2011	258.95	69.45	-28.68	8.15	230.27	61.98	53.40	14.35	87.83	24.36	371.50
2012	274.76	69.70	-31.65	7.72	243.11	61.80	55.20	14.37	95.06	23.64	393.37
2013	286.41	69.85	-31.16	8.05	255.24	61.38	58.49	14.03	102.12	24.17	415.85
2014	291.51	68.87	-32.50	7.49	259.01	61.51	57.69	14.06	104.38	24.56	421.08

表7-4(续)

财政年度	中央政府总支出		政府间转移支付		中央政府净支出		高级地方政府净支出		低级地方政府净支出		总计
	金额（兆亿韩元）	占总支出的比重（%）	金额（兆亿韩元）	占总支出的比重（%）	金额（兆亿韩元）	占总支出的比重（%）	金额（兆亿韩元）	占总支出的比重（%）	金额（兆亿韩元）	占总支出的比重（%）	金额（兆亿韩元）
2015	319.39	69.88	-37.69	8.25	281.70	61.64	63.24	13.84	112.09	24.53	457.03

数据来源：韩国内政部（MOI）（http：//lofin. moi. go. kr/portal/main. do），“2006—2015 년도 지방재정연감（결산）”“5. 지방자치단체 세입・세출결산 총계 및 순계 비교（총괄）”“6. 지방자치단체 결산 경제성질별 순계분석（총괄）”；韩国企划财政部（MOSF），*Summary of Financial Implementation for Financial Year* 2006—2015。数据经过整理。

根据政府间事权的划分和支出责任的界定，各级政府的支出项目如下：

按用途对支出项目进行分类，此种情况下中央财政支出项目与地方财政支出项目差异较大。中央财政支出项目可以分为七类，即人工费支出、商品与服务支出（包括一般运营支出、差旅费、特别运营支出、业务推进支出、工作运营支出、研究开发支出）、经常性转移支出（包括一般性补偿支出、捐款、对私人部门及其他地方政府和国外的转移支出）、资产收购支出（包括土地收购支出、建设成本支出、有形资产支出、无形资产支出、发放贷款、投资、储备金和证券购买支出、存款支出）、偿还贷款支出、转移支付支出、预备金及其他支出。其中，经常性转移支出是中央财政的第一大支出。各项支出在 2015 财年的实际发生额分别为 30.02 兆亿韩元、21.44 兆亿韩元、173.84 兆亿韩元、32.04 兆亿韩元、10.59 兆亿韩元、50.99 兆亿韩元、0.48 兆亿韩元，在中央财政总支出中所占的比例分别为 9.40%、6.71%、54.43%、10.03%、3.31%、15.96%、0.15%（见表 7-5）。

表 7-5　　2015 财年韩国中央财政支出项目（按用途分类）

支出项目	预算（现值）（兆亿韩元）	实际发生额（兆亿韩元）	占总支出的比重（%）
总计	336.08	319.39	100.00
人工费支出 Personal Expenses	30.96	30.02	9.40
商品与服务支出 Goods & Services	24.21	21.44	6.71

表7-5(续)

支出项目	预算（现值）（兆亿韩元）	实际发生额（兆亿韩元）	占总支出的比重（%）
其中：一般运营	18.85	16.43	5.14
差旅费	0.68	0.65	0.20
特别运营	0.89	0.85	0.26
业务推进	0.19	0.19	0.06
工作运营	1.88	1.84	0.58
研究开发	1.72	1.50	0.47
经常性转移支出 Current Transfers	177.36	173.84	54.43
其中：一般性补偿	14.54	14.36	4.50
私人部门经常性转移	11.31	10.31	3.23
地方政府经常性转移	119.91	117.77	36.87
国外经常性转移	1.30	1.27	0.40
捐款	30.30	30.13	9.43
资产收购支出 Asset Acquisition	36.32	32.04	10.03
其中：土地收购	3.47	3.35	1.05
建设成本	14.93	12.43	3.89
有形资产	11.07	10.34	3.24
无形资产	0.04	0.04	0.01
发放贷款	0.99	0.92	0.29
投资	2.71	2.66	0.83
储备金和证券购买	0.03	0.03	0.01
存款	3.08	2.27	0.71
偿还贷款支出 Repayment of Loans	11.76	10.59	3.31
转移支付支出 Transfers	53.52	50.99	15.96
预备金及其他支出 Contingency & Other	1.97	0.48	0.15

数据来源：韩国企划财政部（MOSF），*Summary of Financial Implementation for Financial Year* 2015。

地方财政支出按用途可以分为以下八类：①工资薪金支出。该类支出主要用于发放地方政府相关工作人员的基本工资和津贴，2015 财年达 19.97 兆亿韩元，占地方财政支出的 8.15%。②商品与服务支出。该类支出是指维持地方政府正常运行的基本经费。2015 财年，商品与服务支出为 11.75 兆亿韩元，占地方财政支出的 4.80%。③经常性转移支出。该类支出是地方政府根据相关法规向公务员、民间人士、民间团体等支付的经费，包括一般性补偿支出、移民与灾害补偿支出、奖励金、养老金、赔偿金、捐款、转出金、贷款利息以及对私人部门、其他地方政府和国外的转移支出。这类支出在地方财政支出中所占比重最大，2015 财年为 113.69 兆亿韩元，占地方财政支出的 46.38%。④资本性支出。该类支出是地方政府的第二大支出项目，主要用于促进私人企业资本形成，如购置设备等，还用于财产购置以及私人部门、地方政府、公共事业、国外和其他资本性转移。2015 财年，该类支出达 64.23 兆亿韩元，占地方财政支出的 26.20%。⑤融资与投资支出。这类支出在地方财政支出中所占比例最小。2015 财年，该类支出为 2.94 兆亿韩元，占地方财政支出的 1.20%。⑥保全财源支出。该类支出用于偿还区域开发基金融资金、偿还金融机关贷款、偿还地方债、偿还其他国内贷款、偿还其他海外债务等。2015 财年，该类支出为 6.87 兆亿韩元，占地方财政支出的 2.80%。⑦内部转移支出。该类支出主要是用于教育费特别会计账户转移支出和其他特别会计账户转移支出，还用于基金账户转移支出、存款、预付金本息偿还支出和其他支出。2015 财年，该类支出为 23.31 兆亿韩元，占地方财政支出的 9.51%。⑧预备金与其他支出。该类支出是用于无法预测的预算外支出或超出预算的支出。2015 财年，该类支出为 2.37 兆亿韩元，占地方财政支出的 0.97%。2015 财年，按用途分类的韩国地方政府财政支出结构如图 7-2 所示。

按照政府层级的不同，地方政府的各类财政支出均可分为道级支出（高级地方政府）和郡级支出（低级地方政府）。由表 7-6 和表 7-7 可得，2015 财年，韩国高级地方政府和低级地方政府的财政支出基本相当。而在低级地方政府中，市政府的支出所占比例最大，其次是郡政府，最后是区政府。在按用途分类的地方财政支出中，融资与投资支出、保全财源支出、内部转移支出大部分由高级地方政府负担，其所占比例分别为 94.17%、73.81% 和 83.49%；而工资薪金支出、商品与服务支出则主要由低级地方政府发生，其所占比例分别为 70.64%、72.08%。经常性支出、资本性支出、预备金及其他支出则由两级地方政府平均

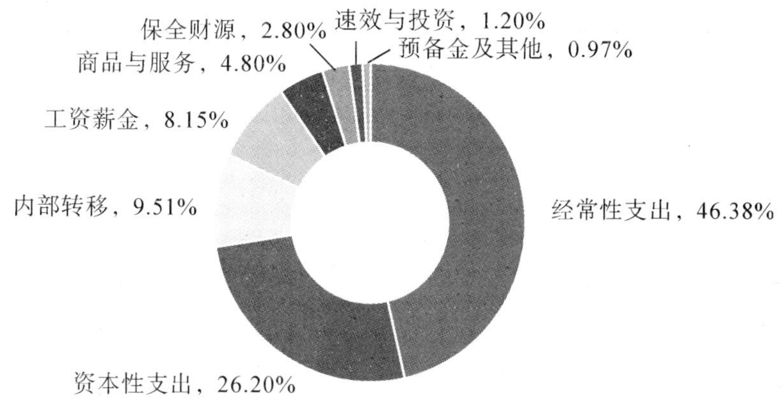

图 7-2　2015 财年韩国地方政府财政支出结构（按用途分类）

数据来源：根据韩国内政部（MOI）（http：//lofin. moi. go. kr/portal/main. do）的数据计算整理。

承担。在低级地方政府方面，商品与服务支出、融资与投资支出、保全财源支出和内部转移支出主要由市政府发生。资本性支出主要由市政府和郡政府承担，而经常性支出则主要由市政府和区政府承担。

表 7-6　　　　2015 财年韩国地方财政支出项目（按用途分类）

支出项目	总支出（兆亿韩元）	净支出（兆亿韩元）	转移支付（兆亿韩元）	占总支出的比重（%）
总计	245. 12	175. 33	-69. 79	100. 00
工资薪金支出 Wages & Salaries	19. 97	19. 97	0. 00	8. 15
商品与服务支出 Use of Goods & Services	11. 75	11. 75	0. 00	4. 80
其中：一般运营	7. 11	7. 11	0. 00	2. 90
差旅费	0. 81	0. 81	0. 00	0. 33
业务推进	0. 24	0. 24	0. 00	0. 10
事务执行	0. 80	0. 80	0. 00	0. 33
地方议会	0. 21	0. 21	0. 00	0. 09
材料费	2. 08	2. 08	0. 00	0. 85
研究开发	0. 49	0. 49	0. 00	0. 20
经常性转移支出 Current Expenditure	113. 69	68. 84	-44. 85	46. 38

表7-6(续)

支出项目	总支出（兆亿韩元）	净支出（兆亿韩元）	转移支付（兆亿韩元）	占总支出的比重（%）
其中：一般性补偿	25.57	25.57	0.00	10.43
移民与灾害补偿	0.03	0.03	0.00	0.01
奖励金	0.95	0.95	0.00	0.39
养老金	3.30	3.30	0.00	1.35
赔偿金	0.13	0.13	0.00	0.05
捐款	2.28	2.28	0.00	0.93
私人部门经常性转移	31.30	31.30	0.00	12.77
地方政府经常性转移	47.64	2.91	-44.73	19.43
转出金	1.64	1.64	0.00	0.67
国外经常性转移	0.02	0.02	0.00	0.01
贷款利息	0.83	0.70	-0.13	0.34
资本性支出 Capital Expenditure	64.23	52.22	-12.00	26.20
其中：设备费及附加	36.23	36.23	0.00	14.78
私人部门资本性转移	6.56	6.56	0.00	2.68
地方政府资本性转移	18.73	6.73	-12.00	7.64
公共事业资本性转移	0.82	0.82	0.00	0.33
财产购置	1.78	1.78	0.00	0.73
其他资本性转移	0.11	0.11	0.00	0.05
国外资本性转移	0.00	0.00	0.00	0.00
融资与投资支出 Loan & Investment	2.94	1.41	-1.53	1.20
其中：发放贷款	2.32	0.80	-1.53	0.95
投资	0.62	0.62	0.00	0.25
保全财源 Financing	6.87	5.79	-1.08	2.80
其中：债务偿还	6.41	5.33	-1.08	2.61
储备金	0.46	0.46	0.00	0.19
内部转移 In-Transaction	23.31	13.40	-9.91	9.51
其中：其他特别会计账户转移	8.42	0.00	-8.42	3.43

表7-6(续)

支出项目	总支出（兆亿韩元）	净支出（兆亿韩元）	转移支付（兆亿韩元）	占总支出的比重（%）
基金账户转移	2.66	2.66	0.00	1.09
教育费特别会计账户转移	10.10	10.10	0.00	4.12
存款	0.42	0.32	-0.10	0.17
预付金本息偿还	1.51	0.12	-1.39	0.61
其他	0.20	0.20	0.00	0.08
预备金及其他 Contingency & Other	2.37	1.95	-0.41	0.97

数据来源：韩国内政部（MOI）（http：//lofin. moi. go. kr/portal/main. do），“2015 년도 지방재정연감 （결산）”“8. 지방자치단체 세출결산 품목성질별 총계 및 순계분석”。数据经过整理。

表 7-7　2015 财年韩国各级地方政府财政支出的构成情况（按用途分类）

支出项目	高级地方政府		低级地方政府							
			市		郡		区		总计	
	金额（兆亿韩元）	占比（%）	金额（兆亿韩元）	占比（%）	金额（兆亿韩元）	占比（%）	金额（兆亿韩元）	占比（%）	金额（兆亿韩元）	占比（%）
总计	127.80	52.14	62.30	53.10	29.41	25.07	25.61	21.83	117.32	47.86
工资薪金	5.86	29.36	6.48	45.92	3.43	24.32	4.20	29.76	14.11	70.64
商品与服务	3.28	27.92	4.73	55.81	2.09	24.65	1.66	19.53	8.47	72.08
经常性支出	61.36	53.97	26.90	51.39	9.10	17.39	16.34	31.21	52.34	46.03
资本性支出	28.92	45.02	19.42	55.00	13.01	36.85	2.88	8.15	35.31	54.98
融资与投资	2.77	94.17	0.11	65.72	0.06	32.87	0.00	1.41	0.17	5.83
保全财源	5.07	73.81	1.49	83.01	0.22	12.42	0.08	4.58	1.80	26.19
内部转移	19.46	83.49	2.57	66.86	1.15	29.90	0.12	3.24	3.85	16.51
预备金及其他	1.09	46.08	0.60	46.79	0.34	26.99	0.33	26.22	1.28	53.92

数据来源：韩国内政部（MOI）（http：//lofin. moi. go. kr/portal/main. do），“2015 년도 지방재정연감 （결산）”“3. 지방자치단체 세입·세출결산 성질별 총계분석 （총괄）”。数据经过整理。

按职能对支出项目进行分类，此种情况下中央与地方的财政支出项目较为相近。中央财政支出可以分为以下 16 类支出项目，即一般公共行政支出，公共秩序与安全支出，外交事务与民族统一支出，国防支出，教育支出，文化与观光支出，环境保护支出，社会福利支出，医疗健康支出，农、林、渔业及海洋事务支出，产业、中小企业与能源支出，交通运输与物流支出，通信支出，国土与区域开发支出，科学技术支出，预备金支出。以2015财年为例，中央政府在一般公共行政上的支出最多，达54.96兆亿韩元，占中央财政总支出的17.21%；教育支出为第二大支出，达到51.03兆亿韩元，占中央财政总支出的15.98%。此外，中央政府在交通运输与物流，国防，社会福利，农、林、渔业及海洋事务等方面也有较大的资金支出（见表7-8）。

表7-8　　2015财年韩国各级政府财政支出项目（按职能分类）

支出项目	中央政府		地方政府		高级地方政府	低级地方政府
	金额（兆亿韩元）	占比（%）	金额（兆亿韩元）	占比（%）	金额（兆亿韩元）	金额（兆亿韩元）
总计	319.39	100.00	245.12	100.00	127.80	117.32
一般公共行政支出 General Public Administration	54.96	17.21	30.99	12.64	24.03	6.96
其中：立法与选举管理	0.81	0.25	0.47	0.19	0.24	0.23
国家行政支出*	0.53	0.16	–	–	–	–
地方行政与财政支援	36.21	11.34	12.46	5.08	11.56	0.91
财政与金融支出	14.41	4.51	4.65	1.90	4.15	0.49
政府资源管理*	0.73	0.23	–	–	–	–
一般行政支出	2.27	0.71	13.41	5.47	8.08	5.33
公共秩序与安全支出 Public Order & Safety	16.40	5.14	4.35	1.77	2.60	1.75
其中：宪法和法院*	1.65	0.52	–	–	–	–
法律及检控*	3.23	1.01	–	–	–	–
警察服务	9.04	2.83	0.01	0.01	–	0.01
海岸*	1.17	0.37	–	–	–	–
灾难防治与民防	1.31	0.41	3.43	1.40	1.71	1.72
消防	–	–	0.90	0.37	0.89	0.01
外交事务与民族统一支出 Foreign Affairs & National Unification*	2.33	0.73	–	–	–	–
其中：统一	0.33	0.10	–	–	–	–

表7-8(续)

支出项目	中央政府		地方政府		高级地方政府	低级地方政府
	金额（兆亿韩元）	占比（%）	金额（兆亿韩元）	占比（%）	金额（兆亿韩元）	金额（兆亿韩元）
外交与贸易	2.00	0.63	–	–	–	–
国防支出 National Defense*	37.70	11.80	–	–	–	–
其中：军队管理	15.55	4.87	–	–	–	–
电力维持	11.17	3.50	–	–	–	–
防卫能力改善	10.78	3.37	–	–	–	–
军务行政	0.19	0.06	–	–	–	–
教育支出 Education	51.03	15.98	12.03	4.91	10.41	1.63
其中：幼儿与中小学教育	40.85	12.79	11.39	4.65	10.09	1.30
高等教育	9.47	2.96	0.22	0.09	0.20	0.02
终身与职业教育	0.61	0.19	0.42	0.17	0.11	0.30
普通教育*	0.10	0.03	–	–	–	–
文化与观光支出 Culture & Tourism	3.26	1.02	11.52	4.70	5.23	6.29
其中：文化艺术	1.83	0.57	3.12	1.27	1.27	1.85
观光	0.45	0.14	2.13	0.87	0.83	1.30
体育	0.11	0.04	4.60	1.88	2.38	2.22
文化遗产	0.61	0.19	1.22	0.50	0.57	0.65
文化与旅游一般支出	0.27	0.08	0.46	0.19	0.18	0.28
环境保护支出 Environmental Protection	10.17	3.19	21.30	8.69	7.98	13.33
其中：水资源管理	3.65	1.14	15.89	6.48	6.44	9.44
废弃物管理	0.31	0.10	3.72	1.52	0.62	3.10
大气管理	0.31	0.10	0.62	0.25	0.48	0.14
自然保护	0.52	0.16	0.44	0.18	0.15	0.29
海洋保护	0.20	0.06	0.08	0.03	0.04	0.04
环境保护一般支出	5.18	1.62	0.56	0.23	0.24	0.31
社会福利支出 Social Welfare	37.02	11.59	74.94	30.57	38.72	36.22
其中：基本生活保障	9.40	2.94	14.57	5.94	9.22	5.34

表7-8(续)

支出项目	中央政府		地方政府		高级地方政府	低级地方政府
	金额（兆亿韩元）	占比（%）	金额（兆亿韩元）	占比（%）	金额（兆亿韩元）	金额（兆亿韩元）
弱势群体支援	2.22	0.69	10.69	4.36	6.23	4.45
公共养老金*	3.05	0.95	-	-	-	-
保育、家庭和女性	5.41	1.69	22.50	9.18	10.35	12.15
老年人与青少年	8.76	2.74	23.40	9.55	10.57	12.83
劳动力	2.12	0.66	0.90	0.37	0.43	0.47
爱国人士与退役军人	4.46	1.40	0.36	0.15	0.07	0.29
住宅	0.91	0.28	1.62	0.66	1.48	0.14
社会福利一般事务	0.70	0.22	0.90	0.37	0.35	0.55
医疗健康支出 Health	8.26	2.59	4.30	1.75	1.98	2.32
其中：健康和医疗服务	1.68	0.52	4.15	1.69	1.92	2.23
健康保险*	6.23	1.95	-	-	-	-
食品与药品安全	0.36	0.11	0.15	0.06	0.06	0.09
农、林、渔业及海洋事务支出 Agriculture, Forestry, Fishery & Maritime Affairs	23.99	7.51	17.61	7.18	7.14	10.47
其中：农业与农村	19.68	6.16	13.08	5.34	5.07	8.01
林业与山村	2.65	0.83	2.92	1.19	1.30	1.63
渔业与水产渔村	1.51	0.47	1.61	0.66	0.77	0.84
食品工业*	0.15	0.05	-	-	-	-
产业、中小企业与能源支出 Industries & SMEs & Energy	12.65	3.96	5.00	2.04	2.65	2.35
其中：产业金融援助	0.34	0.11	0.32	0.13	0.23	0.09
产业技术支持	0.91	0.28	0.14	0.06	0.11	0.03
贸易与引资	0.64	0.20	0.62	0.25	0.36	0.26
产业振兴与升级	4.51	1.41	2.55	1.04	1.31	1.23
能源与资源开发	4.60	1.44	0.54	0.22	0.28	0.26
产业与中小企业一般事务	1.65	0.52	0.84	0.34	0.35	0.48

表7-8(续)

支出项目	中央政府		地方政府		高级地方政府	低级地方政府
	金额（兆亿韩元）	占比（%）	金额（兆亿韩元）	占比（%）	金额（兆亿韩元）	金额（兆亿韩元）
交通运输与物流支出 Traffic and Physical Distribution	39.76	12.45	20.88	8.52	11.89	8.99
其中：公路	19.18	6.01	8.22	3.35	4.01	4.21
铁路*	14.26	4.47	-	-	-	-
城市铁路	1.56	0.49	3.35	1.37	2.57	0.78
海洋运输和港口	2.69	0.84	0.27	0.11	0.19	0.08
航空运输及机场	0.10	0.03	0.01	0.00	0.00	0.00
公共交通、物流及其他	1.96	0.61	9.03	3.68	5.10	3.93
通信支出 Communication*	6.92	2.17	-	-	-	-
其中：广播通信	0.30	0.09	-	-	-	-
邮政	6.62	2.07	-	-	-	-
国土与区域开发支出 National Land & Regional Development	8.21	2.57	16.85	6.87	7.13	9.71
其中：水资源	2.44	0.76	3.02	1.23	1.33	1.70
地区和城市	4.92	1.54	12.44	5.08	5.41	7.03
产业园区	0.85	0.27	1.38	0.56	0.39	0.99
科学技术支出 Science & Technology	6.28	1.97	0.40	0.16	0.38	0.02
其中：技术开发	2.25	0.71	0.01	0.00	0.01	0.00
科学技术研究开发支持	3.44	1.08	0.11	0.05	0.10	0.01
科学技术一般事务	0.58	0.18	0.28	0.11	0.27	0.01
预备金支出 Reserve Funds	0.46	0.14	-	-	-	-
其他支出 Others	-	-	24.94	10.17	7.67	17.27

注：*标注的支出为中央政府特有的支出项目。

数据来源：대한민국정부，“2015 년도 국가결산보고서”；韩国企划财政部（MOSF），*Summary of Financial Implementation for Financial Year* 2015。韩国内政部（MOI）（http：//lofin. moi. go. kr/portal/main. do），기능별 단체별 세출결산。数据经过整理。

地方财政支出项目则在中央财政支出项目的基础上，去除了外交事务与民族统一支出、国防支出、通信支出三项中央政府特有的支出，共分为 14 类支出项目，具体如下：①一般公共行政支出。该类支出主要用于地方行政与财政支援支出、一般行政支出、立法与选举管理支出、财政与金融支出，主要由高级地方政府承担。2015 财年，该类支出达到 30.99 兆亿韩元，占地方财政总支出的 12.64%，是地方政府的第二大支出项目。②公共秩序与安全支出。该类支出包括警察支出、灾难防治与民防支出两类。2015 财年，该类支出为 4.35 兆亿韩元，占地方政府总支出的 1.77%。③教育支出。该类支出主要由高级地方政府承担，且绝大多数用于幼儿与中小学教育支出，此外还用于高中教育支出和终身与职业教育支出。2015 财年，教育支出为 12.03 兆亿韩元，占地方政府总支出的 4.91%，其中幼儿与中小学教育支出占教育支出的 94.68%。④文化与观光支出。2015 财年，该类支出达 11.52 兆亿韩元，占地方政府总支出的 4.70%。⑤环境保护支出。该类支出主要用于水资源的管理支出，此外还用于废弃物管理支出、大气管理支出、自然保护支出、海洋保护支出和一般支出。2015 财年，该类支出为 21.30 兆亿韩元，占地方政府总支出的 8.69%。⑥社会福利支出。2015 财年，该类支出为 74.94 兆亿韩元，占地方政府总支出的 30.57%，是地方政府的第一大支出项目。⑦医疗健康支出。该类支出包括健康与医疗服务支出、食品与药品安全支出两大类，主要用于前者。2015 财年，该类支出为 4.30 兆亿韩元，占地方政府总支出的 1.75%。⑧农、林、渔业及海洋事务支出。该类支出主要用于农业。2015 财年，该类支出为 17.61 兆亿韩元，占地方政府总支出的 7.18%，其中农业支出占该类支出的 74.26%。⑨产业、中小企业与能源支出。该类支出主要是为了促进相关产业发展和扶持中小企业能源与资源开发。2015 财年，该类支出为 5.00 兆亿韩元，占地方政府总支出的 2.04%。⑩交通运输支出。该类支出主要用于公路建设和公共交通、物流等。2015 财年，该类支出达 20.88 兆亿韩元，占地方政府总支出的 8.52%。⑪国土与区域开发支出。该类支出主要用于地区和城市开发，此外还用于水资源和产业园区的开发。2015 财年，该项支出为 16.58 兆亿韩元，占地方政府总支出的 6.87%。⑫科学技术支出。这类支出在地方财政支出中所占比例最小，且主要由高级地方政府承担。2015 财年，该类支出为 0.40 兆亿韩元，占地政府总支出的 0.16%。⑬预备金支出。该类支出是为应对自然灾害等紧急情况而预留的流动资金。2015 财年，该类支出为零。⑭其他支出。该类支出在 2015 财年为 24.94 兆亿韩元，占地方政府总支出的

10. 17%。2015 财年韩国地方政府财政支出结构如图 7-3 所示。

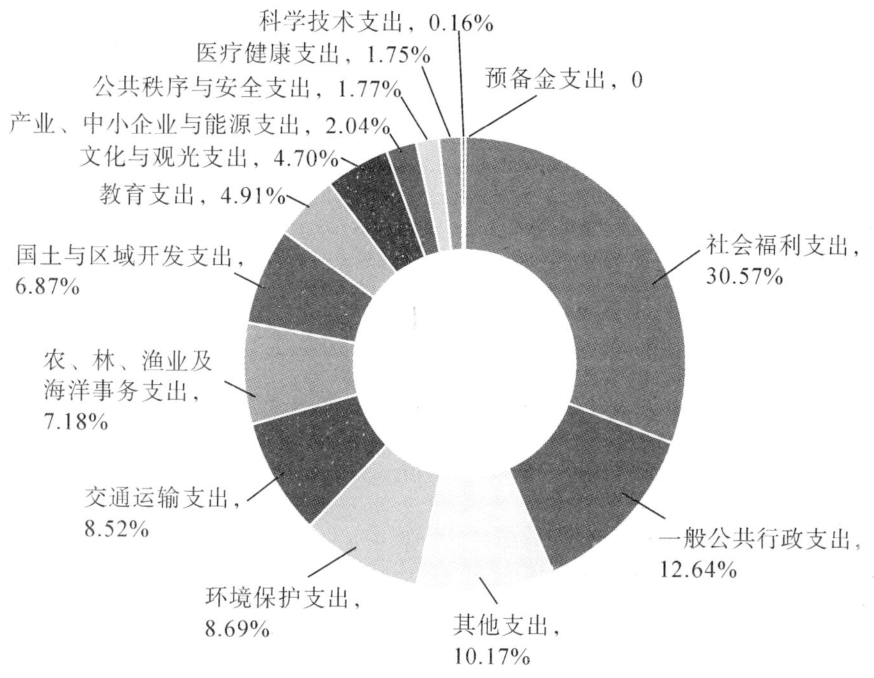

图 7-3　2015 财年韩国地方政府财政支出结构（按职能分类）

数据来源：根据韩国内政部（MOI）（http：//lofin. moi. go. kr/portal/main. do）的数据计算整理。

由表 7-8 和表 7-9 可得，在按职能分类的地方财政支出中，一般公共行政支出、教育支出和科学技术支出大部分由高级地方政府承担，其所占比例分别为 77. 54%、86. 48%和 94. 75%；而环境保护支出、国土与区域开发支出以及其他支出由低级地方政府承担，其所占比例分别为 62. 55%、57. 66%和 69. 26%。在低级地方政府方面，一般公共行政支出，教育支出，文化与观光支出，环境保护支出，产业、中小企业与能源支出，交通运输支出和科学技术支出主要由市政府承担；公共秩序与安全支出、医疗健康支出、国土与区域开发支出主要由市政府和郡政府承担；而社会福利支出，农、林、渔业及海洋事务支出和其他支出则主要由市政府和区政府承担。

表 7-9　2015 财年韩国各级地方政府财政支出的构成情况（按职能分类）

支出项目	高级地方政府		低级地方政府							
			市		郡		区		总计	
	金额（兆亿韩元）	占比（%）	金额（兆亿韩元）	占比（%）	金额（兆亿韩元）	占比（%）	金额（兆亿韩元）	占比（%）	金额（兆亿韩元）	占比（%）
总计	127.80	52.14	62.30	53.10	29.41	25.07	25.61	21.83	117.32	47.86
一般公共行政支出	24.03	77.54	3.74	53.79	1.72	24.66	1.50	21.56	6.96	22.46
公共秩序与安全支出	2.60	59.80	0.80	45.67	0.74	42.32	0.21	12.01	1.75	40.20
教育支出	10.41	86.48	1.01	61.92	0.25	15.24	0.37	22.85	1.63	13.52
文化与观光支出	5.23	45.41	3.59	57.15	1.98	31.45	0.72	11.40	6.29	54.59
环境保护支出	7.98	37.45	8.61	64.64	3.70	27.79	1.01	7.58	13.33	62.55
社会福利支出	38.72	51.67	17.14	47.32	5.41	14.94	13.67	37.74	36.22	48.33
医疗健康支出	7.14	40.52	4.53	43.27	5.75	54.88	0.19	1.85	10.47	59.48
农、林、渔业及海洋事务支出	1.98	46.07	1.05	45.45	0.53	23.07	0.73	31.48	2.32	53.93
产业、中小企业与能源支出	2.65	52.95	1.56	66.37	0.58	24.75	0.21	8.88	2.35	47.05
交通运输支出	11.89	56.93	6.60	73.35	1.40	15.60	0.99	11.05	8.99	43.07
国土与区域开发支出	7.13	42.34	5.53	56.98	3.34	34.38	0.84	8.64	9.71	57.66
科学技术支出	0.38	94.75	0.02	97.91	0.00	0.95	0.00	1.14	0.02	5.25
预备金支出	0.00	0.00	0.00	0.00	0.00	0.00	0.00	0.00	0.00	0.00
其他支出	7.67	30.74	8.10	46.91	4.01	23.19	5.17	29.91	17.27	69.26

数据来源：韩国内政部（MOI）（http://lofin.moi.go.kr/portal/main.do），“기능별 단체별 세출결산”。数据经过整理。

值得一提的是，韩国的地方政府，特别是市政府和区政府，承担了超过自身财力的社会福利支出负担，而这些支出责任基本上是由中央政府转嫁的。其中最典型的指标是婴幼儿保育、家庭和女性支出，基本生活保障支出，老年人与青少年支出。以2015财年为例，社会福利支出为74.94兆亿韩元，占地方财政总支出的30.57%。其中，婴幼儿保育、家庭和女性支出为22.50兆亿韩元，占社会福利支出的30.02%，占地方财政总支出的9.18%；老年人与青少年支出为23.40兆亿韩元，占社会福利支出的31.23%，相较于2014财年26.59%的比例涨幅较大；基本生活保障支出为14.57兆亿韩元，占社会福利支出的19.44%，相较于2014年21.31%的比例略有下降。截至2015年年底，在婴幼儿保育、家庭和女性支出这一项上，地方政府负担率为66.93%，且高级地方政府和低级地方政府各承担一半左右；在老年人与青少年支出方面，地方政府负担率高达72.76%，且主要由低级地方政府承担；而在基本生活保障支出方面，地方政府负担比例达60.78%，且主要由高级地方政府承担。近几年来，虽然韩国地方财政的负担在一定程度上减少了，但是仍然承担着近三分之二的财政支出。韩国前总统朴槿惠于2015年1月26日在首席秘书官会议上曾表示，2014年韩国的税收收入不振，但福利支出需求却日益增加，中央和地方的财政都比较艰难。[①] 可见，韩国中央政府与地方政府的财权和事权并没有很好的匹配，在一定程度上损害了地方政府的自主性和责任性。

三、 韩国的地方税收

（一）中央政府与地方政府的财政收入

在韩国中央政府、高级地方政府和低级地方政府中，中央政府的净收入占总收入的比重较大，超过总收入的一半；高级地方政府净收入的占比则在二到三成；低级地方政府的净收入占比最小，略低于两成。由表7-10可知，在2006至2015财年，中央政府净收入占总收入的比重基本维持在55%至59%；高级地方

① 何路曼. 韩将对地方政府进行大规模监察 纠正预算浪费问题［EB/OL］.（2015-03-23）［2016-05-21］. http：//www. chinanews. com/gj/2015/03-23/7150192. shtml.

政府净收入所占比重基本维持在22%至26%，且呈上升趋势；低级地方政府净收入所占比重维持在17%至22%，下降趋势明显。

以2015财年为例，中央政府净收入为290.44兆亿韩元，占政府总收入的56.07%，略高于当年中央政府净支出，差额为8.74兆亿韩元；高级地方政府净收入为134.51兆亿韩元，占政府总收入的25.97%，超过同年高级地方政府净支出的71.27兆亿韩元；低级地方政府净支出为93.00兆亿韩元，占政府总收入的17.95%，与当年低级地方政府净支出的差额为19.09兆亿韩元。可见，韩国各级政府的直接财政收入的分配和支出责任并不完全一致，尤其是高级地方政府和低级地方政府。由于高级地方政府需要对中央政府与低级地方政府之间，或者两个以上低级地方政府之间共同参与的事务进行协调和管理，因此高级地方政府拥有高于其财政支出占比的财政收入份额是必要的，且利于更高效的政府间事务的管理。

表7-10　　2006—2015财年韩国各级政府的财政收入情况

财政年度	中央政府总收入		政府间转移支付		中央政府净收入		高级地方政府净收入		低级地方政府净收入		总计
	金额（兆亿韩元）	占比（%）	金额（兆亿韩元）	占比（%）	金额（兆亿韩元）	占比（%）	金额（兆亿韩元）	占比（%）	金额（兆亿韩元）	占比（%）	金额（兆亿韩元）
2006	206.21	64.59	26.77	8.39	179.45	56.20	77.37	24.23	62.46	19.56	319.28
2007	216.04	62.79	23.71	6.89	192.33	55.90	83.54	24.28	68.21	19.82	344.08
2008	232.18	62.61	28.17	7.60	204.01	55.01	89.51	24.14	77.29	20.84	370.81
2009	261.34	63.95	32.33	7.91	229.01	56.04	99.41	24.33	80.25	19.64	408.67
2010	261.22	65.55	29.16	7.31	232.06	58.24	95.99	24.09	70.43	17.68	398.48
2011	270.50	65.32	28.68	6.92	241.82	58.40	100.59	24.29	71.69	17.31	414.10
2012	282.37	64.95	31.65	7.28	250.72	57.67	105.62	24.29	78.42	18.04	434.76
2013	292.87	63.90	31.16	6.80	261.71	57.10	112.15	24.47	84.46	18.43	458.32
2014	298.74	63.55	32.50	6.92	266.24	56.63	118.22	25.15	85.64	18.22	470.10
2015	328.13	63.35	37.69	7.28	290.44	56.07	134.51	25.97	93.00	17.95	517.95

数据来源：韩国内政部（MOI）（http://lofin.moi.go.kr/portal/main.do），“2006—2015 년도 지방재정연감（결산）”“5. 지방자치단체 세입·세출결산 총계 및 순계 비교（총괄）”“6. 지방자치단체 결산 경제성질별 순계분석（총괄）”；韩国企划财政部（MOSF），*Summary of Financial Implementation for Financial Year* 2006—2015。数据经过整理。

（二）中央政府的财政收入构成

韩国中央政府的财政收入有两种分类方式：一种是按会计账户类别将其分为一般会计收入和特别会计收入；另一种则按用途将其分为经常性收入和资本性收入。其中，经常性收入又可以分为税收收入和税外收入。资本性收入又可以分为出售固定资产收入、出售存货收入、出售土地和无形资产收入三类。一般来说，经常性收入是中央财政收入的主体，所占比重一直超过97%。经常性收入则以税收收入为主。税收收入一般是税外收入的2至3倍（见表7-11）。

表7-11　　2015财年韩国中央政府的经常性收入项目

收入项目	预算（现值）（兆亿韩元）	实际发生额（兆亿韩元）	占总收入的比重（%）
总收入 Gross Revenue	328.02	328.13	100.00
税收收入 Tax Revenue	215.73	217.89	66.40
国内税 Internal Tax	183.09	185.24	56.45
关税 Customs Duty	8.55	8.50	2.59
国防税 Defense Tax	0.00	0.00	0.00
交通·能源·环境税 Transportaion · Energy · Environment Tax	13.92	14.05	4.28
教育税 Educational Tax	5.18	4.87	1.48
农村发展特别税 Special Tax for Farming and Fishing Villages	3.70	3.82	1.17
综合房地产税 Comprehensive Real Estate Tax	1.28	1.40	0.43
税外收入 Non-Tax Revenue	112.28	110.24	33.60
企业特别会计账户中的营业收入 Operating Revenues for Corporate Special Account	7.46	6.17	1.88
财产收入 Property Income	2.45	2.46	0.75
经常性转移 Current Transfer	10.83	9.47	2.89
商品与服务销售收入 Sales of Goods & Services	3.75	2.12	0.65
进口附加 Receipts Tied to Expenses	0.31	0.36	0.11

表7-11(续)

收入项目	预算（现值）（兆亿韩元）	实际发生额（兆亿韩元）	占总收入的比重（%）
公共财产销售收益 Sales Proceeds of Government Owned Properties	1. 50	1. 33	0. 40
融资与贷款 Treasury Loan & Sub lease Loan	1. 57	1. 76	0. 54
借款和盈余基金 Borrowing & Excess Fund	0. 44	0. 01	0. 00
跨年度收入 Carry-over from previous Year	1. 16	7. 02	2. 14
政府内部收入及其他 Trust from Other & Others from Other A/C	82. 82	79. 55	24. 24

数据来源：韩国企划财政部（MOSF），*Summary of Financial Implementation for Financial Year* 2015。

（三）地方政府的财政收入构成

韩国地方政府的财政收入可以分为地方税收收入、地方税外收入、转移支付收入和地方债收入（地方债券及预置金回收）四大类，且前两类收入属于地方自身的财政收入。其中，地方税外收入是一种自筹经费的收入，可分为经常性税外收入和临时性税外收入两类。经常性税外收入包括财产租赁收入、使用费收入、手续费收入、事业收入、征收交付金收入和利息收入，临时性税外收入包括财产出售收入、盈余金收入、结转金收入、转入金收入、预收金和预付金收入、融资金本金收入、负担金收入、杂项收入和跨年度收入。转移支付收入包括地方让与金（于 2005 年 1 月被废止）、地方交付税、调整交付金及财政保全金、补助金。其中，调整交付金及财政保全金又包括调整交付金和财政保全金两类，补助金又包括国库补助金和市道补助金两类。

为了改进原有收入项目的分类方式，韩国地方财政收入的结构在 2014 年主要有两大变化：一是原收入项目“地方债券及预置金回收”拆分为“地方债券”和“预置金回收”两项；二是新开设了一个收入项目“保全收入及内部转移且”，并入了新拆分的“预置金回收”以及原临时性税外收入中的结转金收入、盈余金收入、转入金收入、预收金和预付金收入、融资金本金收入①。从 2014 财

① http：//www. kipf. re. kr/TaxFiscalPubInfo/Fiscal-PublicFinance。

年起，地方财政的临时性税外收入仅包括财产出售收入、负担金收入、其他收入和跨年度收入四项。因此，地方财政收入中的税外收入由原来的三成左右减少至一成左右，2015 财年仅占地方财政收入的 8.93%，而临时性税外收入也减少明显，由 2013 财年的 53.19%兆亿韩元降至 2015 财年的 11.12 兆亿韩元。与此同时，新增的收入项目“保全收入及内部转移”在 2015 财年的收入为 59.11 兆亿韩元，在总收入中所占比重为 19.88%。2014—2015 财年韩国地方政府的财政收入构成如表 7-12 所示。

表 7-12　　2014—2015 财年韩国地方政府的财政收入构成

收入项目	2014 财年		2015 财年	
	金额（兆亿韩元）	占比（%）	金额（兆亿韩元）	占比（%）
总计	267.26	100.00	297.30	100.00
地方税收入 Local Tax Revenue	62.63	23.43	71.91	24.19
税外收入 Non-Tax Revenue	24.05	9.00	26.56	8.93
经常性税外收入 Current Non-Tax Revenue	13.84	5.18	15.44	5.19
其中：财产租赁收入	0.65	0.24	0.57	0.19
使用费收入	7.14	2.67	7.50	2.52
手续费收入	1.12	0.42	1.24	0.42
事业收入	2.75	1.03	3.61	1.21
征收交付金收入	1.07	0.40	1.35	0.45
利息收入	1.12	0.42	1.18	0.40
临时性税外收入 Temporary Non-Tax Revenue	10.21	3.82	11.12	3.74
其中：财产出售收入	1.32	0.50	2.42	0.82
罚款收入	-	-	3.60	1.21
负担金收入	2.91	1.09	0.64	0.22
其他收入	5.14	1.92	3.55	1.20
跨年度收入	0.83	0.31	0.91	0.30
地方交付税 Current Transfers	35.92	13.44	34.99	11.77

表7-12(续)

收入项目	2014 财年		2015 财年	
	金额（兆亿韩元）	占比（%）	金额（兆亿韩元）	占比（%）
调整交付金及财政保全金 Metropolitan City Revenue Sharing & Province Revenue Sharing	8. 67	3. 24	10. 07	3. 39
其中：调整交付金	3. 78	1. 41	4. 48	1. 51
财政保全金	4. 88	1. 83	5. 59	1. 88
补助金 Subsidies	78. 79	29. 48	88. 24	29. 68
其中：国库补助金	67. 45	25. 24	76. 23	25. 64
市道补助金	11. 34	4. 24	12. 01	4. 04
地方债 Local Borrowing	5. 35	2. 00	6. 42	2. 16
保全收入及内部转移	51. 85	19. 40	59. 11	19. 88

数据来源：韩国内政部（MOI）（http：//lofin. moi. go. kr/portal/main. do），“2014—2015 년도 지방재정연감 （결산）”“5-1. 지방자치단체 세입총계 및 순계규모”。数据经过整理。

由表 7-13 可知，就各市、道财政收入占地方财政收入的比重来看，由于经济发展水平不同，地区之间差异较大。以 2015 财年为例，京畿道的财政收入在全国财政收入中的比重最高，为 19.95%，收入为 59.31 兆亿韩元。首尔特别市位居第二，其地方财政收入主要来自地方税收收入，其次是转移支付收入。该市财政收入合计为 41.64 兆亿韩元，占比为 14.01%。此外，地方财政收入较高的地方政府还有庆尚北道、庆尚南道和全罗南道，但它们所占比重仅为 8.50%、7.89%和 6.63%，与位居前两位的京畿道和首尔特别市相差较大。财政收入最低的为济州特别自治道，蔚山广域市次之，它们的地方财政收入分别为 4.86 兆亿韩元和 5.57 兆亿韩元，所占比重分别为 1.63%和 1.87%（世宗特别自治市于 2012 年 7 月 1 日才正式成立，先不予比较）。此外，两者的收入主要来自转移支付收入。这说明它们对中央政府或者上一级地方政府的依赖程度较高，不利于相关地区地方自治的开展。

表 7-13　　2015 财年韩国各地财政总收入结构　　单位：兆亿韩元

行政区划	总收入	地方税收收入	地方税外收入	转移支付收入				地方债券	保全收入及内部转移
				合计	地方交付税	补助金	调整交付金及财政保全金		
全国	297.30	71.91	26.56	133.30	34.99	10.07	88.24	6.42	59.11
首尔特别市	41.64	17.97	4.44	11.46	0.33	2.24	8.89	0.83	6.93
世宗特别自治市	1.57	0.51	0.17	0.42	0.19	-	0.22	0.02	0.46
广域市合计	61.93	16.32	6.10	26.26	4.36	2.39	19.51	2.64	10.61
釜山广域市	17.05	4.78	1.30	7.58	1.06	0.69	5.84	0.56	2.82
大邱广域市	11.50	2.86	0.85	5.19	1.07	0.44	3.67	0.33	2.26
仁川广域市	14.10	3.73	2.39	5.26	0.81	0.51	3.93	0.91	1.81
光州广域市	6.91	1.55	0.48	3.33	0.60	0.27	2.45	0.42	1.13
大田广域市	6.80	1.63	0.49	3.08	0.56	0.27	2.25	0.28	1.33
蔚山广域市	5.57	1.76	0.59	1.83	0.26	0.21	1.36	0.12	1.26
道合计	192.16	37.11	15.85	95.16	30.10	5.44	59.63	2.92	41.11
京畿道	59.31	17.89	7.29	20.38	3.02	2.92	14.44	1.08	12.67
江原道	14.77	1.59	0.99	8.94	3.70	0.19	5.05	0.29	2.95
忠清北道	12.19	1.88	0.69	6.85	2.41	0.29	4.15	0.21	2.54
忠清南道	16.99	2.84	1.14	8.97	2.98	0.42	5.57	0.22	3.82
全罗北道	15.59	1.80	0.86	9.70	3.26	0.25	6.20	0.32	2.90
全罗南道	19.72	2.00	1.05	12.35	4.73	0.22	7.41	0.22	4.10
庆尚北道	25.28	3.45	1.86	14.26	5.37	0.42	8.47	0.30	5.40
庆尚南道	23.46	4.54	1.64	11.44	3.62	0.73	7.09	0.21	5.64
济州特别自治道	4.86	1.12	0.33	2.26	1.02	-	1.24	0.07	1.08

数据来源：韩国内政部（MOI）（http：//lofin. moi. go. kr/portal/main. do），“2015 년도 지방재정연감（결산）”“4. 지방자치단체 세입·세출결산 단체별 총계분석（총괄）”。数据经过整理。

由各地方政府财政收入占地方财政总收入的比重来看（见图 7-4），韩国地方政府的横向政府间的财政状况非常不平衡。产生此类现象的原因，除了上述提到的各地经济发展水平不同之外，还包括一些地区财政收入过度依赖中央政府或上级地方政府的转移支付。地方政府对中央政府或上级地方政府拨款的过度依赖，会增加政府官员的寻租空间（如受贿），从而导致参与直接审议预算的议员倾向于利用自己的职权给自己所在的地区争取预算。那些只得到较少预算的地区往往没有足够的资金在第二年为当地争取更高的预算，以致各地的政府收入差距越来越大，不利于地区的长远发展。

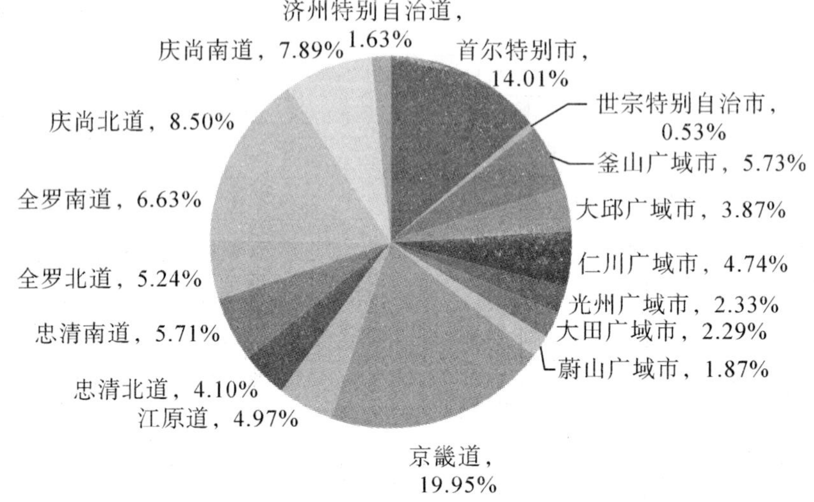

图 7-4　2015 财年韩国各地方政府财政收入结构

数据来源：根据韩国内政部（MOI）（http：//lofin. moi. go. kr/portal/main. do）的数据计算整理。

按照政府层级的不同，地方政府的各类财政收入可分为道级收入（高级地方政府）和郡级收入（低级地方政府）。由表 7-14 可知，2015 财年韩国高级地方政府和低级地方政府的财政收入基本相当。在低级地方政府的财政收入中，市政府的收入所占比例最大，其次是郡政府，最后是区政府。在地方财政收入中，税收收入和地方债收入主要来自高级地方政府，其所占比例分别为 69. 63%和 90. 08%。由此可见，地方债券基本上由高级地方政府发行。地方交付税、税外收入、保全收入及内部转移主要来自低级地方政府，其所占比例分别为 71. 60%、60. 41%和 54. 78%。与此同时，调整交付金及财政保全金则只来源于低级地方政府，2015 财年为 10. 07 兆亿韩元。税收收入、税外收入、地方债收入主要来自市政府；地方交付税、保全收入及内部转移主要来自市政府与郡政府；调整交付金及财政保全金主要来自市政府和区政府。

表 7-14　　2015 财年韩国各级地方政府财政收入构成情况

收入项目	高级地方政府		低级地方政府							
			市		郡		区		总计	
	金额（兆亿韩元）	占比（%）	金额（兆亿韩元）	占比（%）	金额（兆亿韩元）	占比（%）	金额（兆亿韩元）	占比（%）	金额（兆亿韩元）	占比（%）
总计	145.88	49.07	81.71	53.96	39.08	25.81	30.63	20.23	151.42	50.93
税收收入	50.07	69.63	14.76	67.57	2.29	10.47	4.80	21.97	21.84	30.37
税外收入	10.52	39.59	11.07	68.97	2.37	14.77	2.61	16.26	16.05	60.41
地方交付税	9.94	28.40	12.21	48.73	12.20	48.71	0.64	2.57	25.05	71.60
调整交付金及财政保全金	-	-	4.47	44.39	1.12	11.14	4.48	44.47	10.07	100.00
补助金	42.85	48.56	20.42	44.99	10.86	23.92	14.11	31.09	45.39	51.44
地方债券	5.78	90.08	0.53	83.87	0.06	10.14	0.04	6.00	0.64	9.92
保全收入及内部转移	26.73	45.22	18.25	56.37	10.18	31.43	3.95	12.20	32.38	54.78

数据来源：韩国内政部（MOI）（http：//lofin. moi. go. kr/portal/main. do），“2015 년도 지방재정연감 （결산）”“3. 지방자치단체 세입 • 세출결산 성질별 총계분석 （총괄）”。数据经过整理。

（四）中央政府与地方政府的税权划分

韩国设置中央政府、高级地方政府（包括特别市、特别自治市、广域市和道）、低级地方政府（包括高级地方政府管辖的区、市、郡及其派出机构）三级政府。韩国实行中央政府、高级地方政府、低级地方政府三级征税制度，且在中央政府和地方政府之间实行彻底的分税制，不设置共享税。

韩国实行的分税制非常彻底，且其地方政府拥有的税收权力非常有限。由于中央政府通过制定《地方税法》《地方税法实施条例》等相关法律法规，对高级地方政府和低级地方政府两级形式上的所有地方税的税收要素进行了详细规定，因而，地方政府只享有部分的税收管理权。税收立法权、征收权和管理权高度集中于中央政府。

国税（中央税）主要分为国内税和关税。其中，国内税主要来自所得税。截至 2012 年，国内税包括个人所得税、公司所得税、法人税、遗产和赠与税（继承和赠与税）、增值税、酒税、印花税、特别消费税（个别消费税）、证券交易税、交通能源环境税、关税、乡村发展特别税（农渔村特别税）、教育税、综合不动产税和跨年度收入。地税主要是对财产进行课税，可以分为所得税、消费税、财产赋税及其他税四大类。截至 2015 年，地方征收的税收共有 11 种，包括购置税、登记执照税、休闲税、区域资源设施税、地方消费税、地方教育税、居民税、地方所得税、财产税、车辆税和烟草消费税。

由表 7-15 和图 7-5 可知，地税收入占总税收收入的五分之一左右。以 2015 年为例，国税与地税收入分别占总税收收入的 75.43%与 24.57%，显示出国税地税分配比例严重失衡。此外，由表 7-15 可知，随着社会经济的发展，近年来，韩国的国税和地税收入均大幅度增长。在 2006 至 2015 年，国税收入总额增长较快，年均增长率为 5.78%。与此同时，地税收入也逐年增长，且增长幅度略高于国税，年均增长率达 7.19%。虽然，从 2013 年开始，国税收入占总税收收入的比重略有下降，但在 2006—2015 年，国税所占比重一直接近八成。这反映出地方政府对中央政府的依赖并没有明显减弱，形成了地方政府财政过度依赖中央政府财政拨款的局面，使中央政府可以从立法、司法和行政各个方面渗透地方管理，不利于地方自治的开展，也为政府官员提供了寻租的机会。

表 7-15 2006—2015 年韩国税收基本情况

年份 项目	2006	2007	2008	2009	2010	2011	2012	2013	2014	2015
国税收入（兆亿韩元）	138.04	161.46	167.31	164.54	177.72	192.38	203.01	201.91	205.52	217.89
地税收入（兆亿韩元）	41.29	43.52	45.48	45.17	49.16	52.30	53.94	53.78	61.73	70.98
税收总额（兆亿韩元）	179.34	204.98	212.79	209.71	226.88	244.68	256.95	255.69	267.24	288.86
国税收入占总税收收入的比重（%）	76.97	78.77	78.63	78.46	78.33	78.63	79.01	78.97	76.90	75.43
地税收入占总税收收入的比重（%）	23.03	21.23	21.37	21.54	21.67	21.37	20.99	21.03	23.10	24.57

数据来源：根据韩国国家统计局（KOSIS）（http：//kosis. kr/eng/）的数据计算整理。

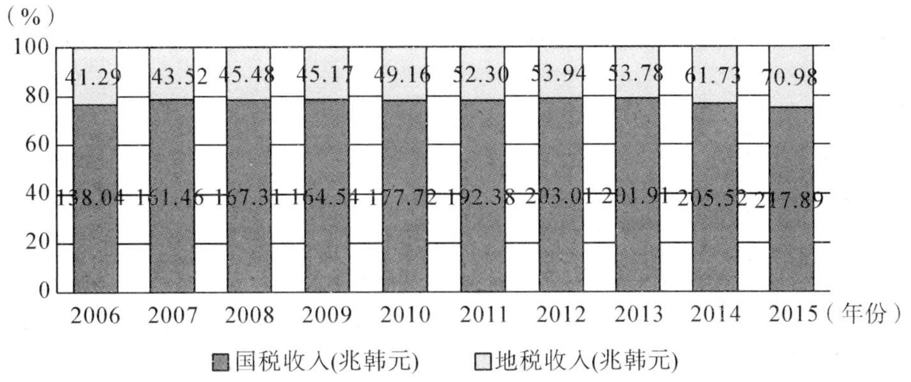

图 7-5　2006—2015 年韩国政府税收收入结构

数据来源：根据韩国国家统计局（KOSIS）（http：//kosis. kr/eng/）的数据计算整理。

（五）不同层级地方政府的主要税种

在韩国的地方税体系中，地方税的税种在过去几年经历了一系列的变化。根据表 7-16 可知，2009 年，韩国的地方税税种共有 15 种，分别为购置税、登记税、执照税、休闲税、区域发展税、公共消防设施税、地方教育税、居民税、财产税、车辆税、屠宰税、烟草消费税、燃油税、城市规划税和营业场所税。2010 年，地方政府新开征地方消费税和地方所得税，同时取消了营业场所税。由此，地方税增加至 16 种。2011 年，登记税和执照税合并为登记执照税，同时区域发展税和公共消防设施税合并为区域资源设施税。此外，政府于同年还取消了屠宰税、燃油税和城市规划税的征收。由此，截至 2015 年，韩国的地方税共有 11 大税种。

表 7-16　　2009—2015 年韩国地方税结构变化情况

地方税税种	2009 年	2010 年	2011—2015 年
购置税 Acquisition Tax	征	征	征
登记执照税 Registration and License Tax	不征	不征	征
登记税 Registration Tax	征	征	不征
执照税 License Tax	征	征	不征
休闲税 Leisure Tax	征	征	征

表7-16(续)

地方税税种	2009 年	2010 年	2011—2015 年
地方消费税 Local Consumption Tax	不征	征	征
区域资源设施税 Regional Resource Facilities Tax	不征	不征	征
区域发展税 Regional Development Tax	征	征	不征
公共消防设施税 Common Firefighting Facilities Tax	征	征	不征
地方教育税 Local Education Tax	征	征	征
居民税 Residence Tax	征	征	征
地方所得税 Local Income Tax	不征	征	征
财产税 Property Tax	征	征	征
车辆税 Automobile Tax	征	征	征
农业所得税 Agricultural Income Tax / 耕地税 Farmland Tax	不征	不征	不征
屠宰税 Butchery Tax	征	征	不征
烟草消费税 Tobacco Consumption Tax	征	征	征
综合土地税 Aggregate Land tax	不征	不征	不征
燃油税 Motor Fuel Tax	征	征	不征
城市规划税 City Planning Tax	征	征	不征
营业场所税 Workshop Tax	征	不征	不征

注：综合土地税于 2005 年被纳入房产税而废止。

资料来源：韩国内政部（MOI），2016 *Statistical Yearbook of Local Tax*。

由表 7-17 可知，地方税主要有所得税、消费税和财产赋税三类。其中，最重要的几种地方税包括购置税、登记税、地方消费税、地方教育税、居民税、地方所得税、财产税、车辆税、烟草消费税、燃油税和城市规划税。此外，地方税还包括跨年度收入。这是由韩国某年的地方税一般不能在一个财政年度内完全征收造成的。地方政府的征收率一般无法达到 100%，因此存在一些以往年度应收未收的税收需要在以后年度进行征收，从而成为当年地方税的组成部分。

表 7-17　　2009—2015 年韩国地方税税收结构

税种		2009 年		2010 年		2011 年		2012 年		2015 年	
		金额（千亿韩元）	占比（%）	金额（千亿韩元）	占比（%）	金额（千亿韩元）	占比（%）	金额（千亿韩元）	占比（%）	金额（千亿韩元）	占比（%）
当前会计年度	购置税	66.44	14.71	68.25	13.88	138.77	26.53	138.02	25.59	208.10	29.32
	登记执照税	–	–	–	–	12.42	2.38	12.46	2.31	18.31	2.58
	登记税	71.31	15.79	73.70	14.99	–	–	–	–	–	–
	执照税	0.73	0.16	0.76	0.16	–	–	–	–	–	–
	休闲税	10.02	2.22	10.67	2.17	10.72	2.05	11.29	2.09	10.89	1.53
	地方消费税	–	–	26.79	5.45	29.61	5.66	30.34	5.62	60.03	8.46
	区域资源设施税	–	–	–	–	8.13	1.55	8.83	1.64	13.51	1.90
	区域发展税	0.91	0.20	0.95	0.19	–	–	–	–	–	–
	公共消防设施税	5.91	1.31	6.50	1.32	–	–	–	–	–	–
	地方教育税	47.94	10.61	48.71	9.91	49.67	9.50	50.81	9.42	58.15	8.19
	居民税	75.52	16.72	2.23	0.45	2.62	0.50	2.97	0.55	15.02	2.12
	地方所得税	–	–	81.45	16.57	94.78	18.12	102.60	19.02	127.84	18.01
	财产税	44.23	9.79	48.17	9.80	76.17	14.56	80.49	14.92	92.94	13.09
	车辆税	28.34	6.27	31.20	6.35	64.90	12.41	65.93	12.22	70.72	9.96
	屠宰税	0.56	0.12	0.58	0.12	0.05	0.01	–	–	–	–
	烟草消费税	30.11	6.67	28.75	5.85	27.85	5.33	28.81	5.34	30.35	4.28
	综合土地税	0.01	0.00	−0.01	0.00	–	–	–	–	–	–
	燃油税	32.87	7.28	31.69	6.45	–	–	–	–	–	–
	城市规划税	22.69	5.02	24.65	5.01	0.05	0.01	0.03	0.01	0.00	0.00
	营业场所税	8.08	1.79	−0.01	0.00	–	–	–	–	–	–
	合计	445.68	98.67	485.05	98.67	515.72	98.61	532.58	98.74	705.86	99.45
跨年度收入		6.00	1.33	6.55	1.33	7.28	1.39	6.80	1.26	3.92	0.55
总计		451.68	100	491.60	100	523.00	100	539.38	100	709.78	100

数据来源：韩国国家统计局（KOSIS）（http：//kosis. kr/eng/），*Tax Revenue by Tax Item*。数据经过整理。

自 2011 年登记税与执照税合并为登记执照税后，韩国政府对征收范围进行了改革，使税收收入占地方税总收入的比重明显下降。2010 年，韩国将部分居民税划至地方所得税中，因此居民税收入自 2010 年起大幅下降，占地方税总收入的比重从 2009 年的 16.72%下降至 2010 年的 0.45%，之后也一直保持在 5%至

6%的比重。车辆税占地方税总收入的比重从2011年起大幅增加，其税收收入几乎为前一年的两倍。城市规划税收入占地方税总收入的比重也大幅下降，从2009年的5.02%和2010年的5.01%下降至2011年的0.01%。

由图7-6可知，2015年，韩国地方政府的购置税收入占地方税总收入的比重最大，达到29.32%。地方所得税、财产税和车辆税分别构成地方税的第二、第三和第四大收入，占比分别为18.01%、13.09%和9.96%。此外，地方教育税、地方消费税、烟草消费税也在地方税中占有比较重要的地位。

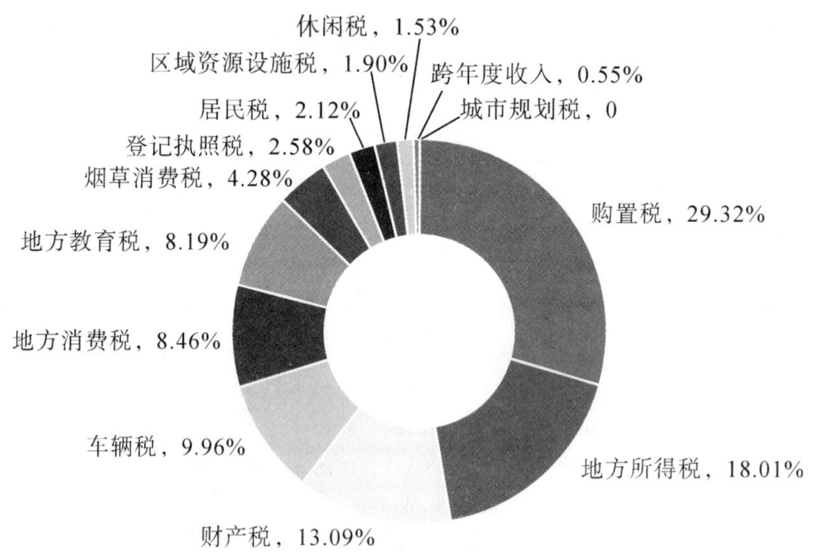

图7-6　2015年韩国地方税收入结构

数据来源：根据韩国国家统计局（KOSIS）（http://kosis.kr/eng/）的数据计算整理。

由表7-18和图7-7可知，韩国各市、道地方税收入占地方税总收入的比重差异较大。2011年至2015年，京畿道和首尔特别市一直是地方税收入最高的行政区划单位，且这两大地区的税收总和几乎占地方税总收入的一半。由此可见，韩国各层级横向政府间的发展也处于十分不平衡的状态。

表 7-18　　2011—2015 年韩国各地税收收入占地方税总收入的比重

行政区划	2011 年		2012 年		2013 年		2014 年		2015 年	
	金额（千亿韩元）	占比（%）	金额（千亿韩元）	占比（%）	金额（千亿韩元）	占比（%）	金额（千亿韩元）	占比（%）	金额（千亿韩元）	占比（%）
首尔特别市	129.14	24.69	134.37	24.91	129.81	24.14	145.03	23.50	170.39	24.01
世宗特别自治市	-	-	1.19	0.22	2.17	0.40	3.87	0.63	5.12	0.72
釜山广域市	33.53	6.41	33.86	6.28	34.01	6.32	39.73	6.44	47.85	6.74
大邱广域市	19.24	3.68	20.73	3.84	21.48	3.99	25.92	4.20	28.63	4.03
仁川广域市	27.90	5.33	27.55	5.11	28.56	5.31	32.21	5.22	37.28	5.25
光州广域市	11.37	2.17	12.03	2.23	12.21	2.27	14.28	2.31	15.54	2.19
大田广域市	13.33	2.55	13.21	2.45	12.58	2.34	15.49	2.51	16.27	2.29
蔚山广域市	13.75	2.63	14.93	2.77	14.14	2.63	16.11	2.61	17.60	2.48
京畿道	129.58	24.78	132.89	24.64	133.01	24.73	152.16	24.65	178.86	25.20
江原道	12.72	2.43	13.45	2.49	13.31	2.47	14.74	2.39	15.94	2.25
忠清北道	13.71	2.62	14.44	2.68	14.32	2.66	16.84	2.73	18.85	2.66
忠清南道	22.98	4.39	23.07	4.28	22.26	4.14	26.25	4.25	28.36	4.00
全罗北道	14.07	2.69	14.56	2.70	14.57	2.71	16.42	2.66	17.97	2.53
全罗南道	15.80	3.02	16.22	3.01	15.99	2.97	17.51	2.84	20.03	2.82
庆尚北道	23.98	4.58	24.99	4.63	25.64	4.77	29.64	4.80	34.51	4.86
庆尚南道	36.09	6.90	35.05	6.50	36.05	6.70	41.95	6.80	45.35	6.39
济州特别自治道	5.81	1.11	6.84	1.27	7.69	1.43	9.09	1.47	11.24	1.58
全国	523.00	100	539.38	100	537.79	100	617.25	100	709.78	100

数据来源：韩国国家统计局（KOSIS）（http：//kosis. kr/eng/），*Rate of Local Tax Collection by Metropolitan City Province*。数据经过整理。

按照所属地方自治团体的不同，地方税可以分为道税和市郡税。其中，购置税、登记执照税（含登记税、执照税）、休闲税、地方消费税、区域资源设施税（含区域发展税、公共消防设施税）、地方教育税属于道税；而居民税、地方所得税、财产税、车辆税、烟草消费税以及已经废止的农业所得税、屠宰税、燃油税、城市规划税和营业场所税则属于市郡税。

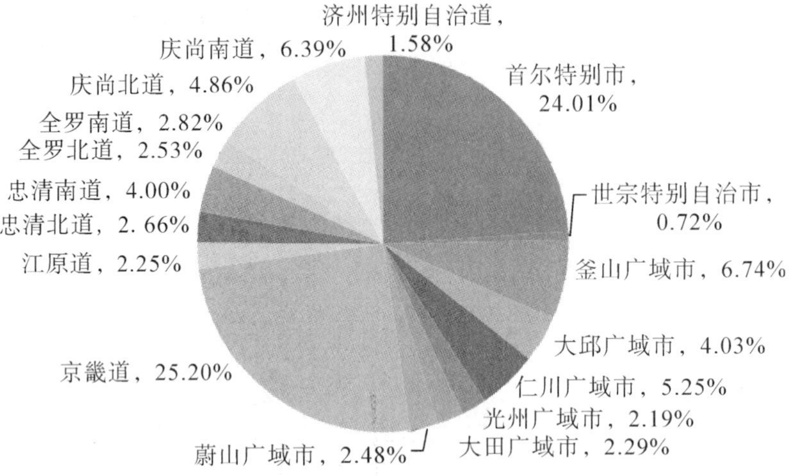

图 7-7 2015 年韩国各地方政府地方税收入占全国地方税总收入的比重

数据来源：根据韩国国家统计局（KOSIS）（http：//kosis. kr/eng/）的数据计算整理。

对于高级地方政府来说，首尔特别市、世宗特别自治市以及其他广域市征收几乎所有的地方税。其中，首尔特别市自 2008 年起征收特别市财产税，自 2011 年起开始征收居民税和地方所得税，但不征收登记执照税；世宗特别自治市自 2012 年成立之后也开始征收特别市财产税，但不征收休闲税。在其他广域市中，蔚山广域市不征收休闲税，光州广域市和大田广域市不征收登记执照税。道级政府征收购置税、登记执照税、休闲税、地方消费税、区域资源设施税、地方教育税。其中，休闲税仅在京畿道、庆尚南道、忠清南道和济州特别自治道进行征收；区域资源设施税仅在庆尚南道进行征收。

对于低级地方政府来说，首尔特别市、广域市下辖的大都市自治区征收的地方税仅包括购置税、登记执照税和财产税。广域市下辖的郡及道下辖的市征收居民税（财产类和职员类）、地方所得税、财产税、车辆税、烟草消费税以及废止之前的农业所得税、屠宰税、燃油税、城市规划税和营业场所税；道下辖的郡不仅征收上述税种，还征收区域资源设施税。

若按照是否指定用途，地方税则可以分为普通税（ordinary tax）和专款专用税（earmarked tax，或称为目的税，objective tax）。其中，区域资源设施税（区域发展税、社区公共设施税）、地方教育税、都市规划税属于专款专用税，其他的属于普通税。图 7-8 描述了 2015 年韩国地方税按照是否指定用途的分类情况。

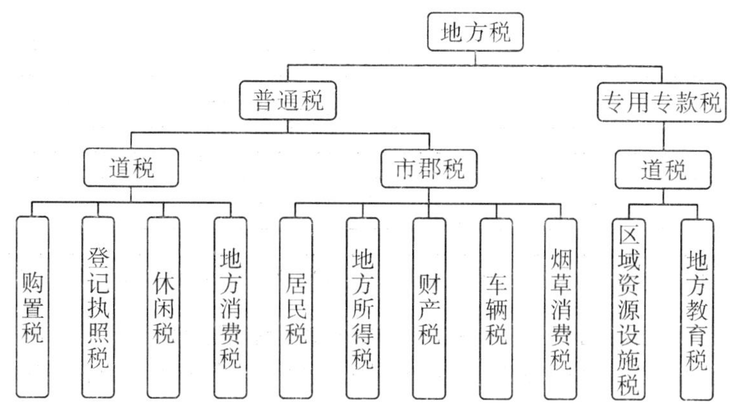

图 7-8　2015 年韩国地方税的分类（按是否指定用途）

资料来源：韩国内政部（MOI），2016 *Statistical Yearbook of Local Tax*。

（六）主要地方税种概述

1. 购置税（财产取得税）

韩国的购置税以购买、交换或者继承方式取得不动产、机动车、重型机器设备、树木、船舶、航空器、采矿资格、捕鱼资格、高尔夫俱乐部会员资格、马术俱乐部会员资格、综合体育中心会员资格的人为应税对象，并以财产获得时的申报价格为税基。若应税对象通过分期付款购置建筑物，则税基为每年的分期付款额。税率一般为财产价值或分期付款额的 2%，但是别墅、高尔夫球场、高档住宅、豪华轮船和奢侈娱乐场所的取得，按正常税率的 5 倍征收，即适用税率为 10%。此外，地方政府可依据地方法令，在 50%的幅度内对法定标准税率进行调整。

2003 年年底之前的国外投资者新建或扩建的建筑物仍适用 2%的税率；在一些特定的、控制人口增长的地区，如首尔中心区域，商用的应税对象适用 6%的税率；排量在 1. 0L 以下的非商用汽车免征购置税。

由于存在跨年度收入，因此研究各地方税的应纳税额比实际征收税额更能反映出当年税收的情况。由图 7-9 可知，韩国的购置税应纳税额总体上呈现出上升的态势。其中，2011 年全国地方政府应征收的购置税税额比前一年几乎翻了一番。其中，以车辆价值、土地价值和房屋价值为税基的应纳税额分别比上一年提

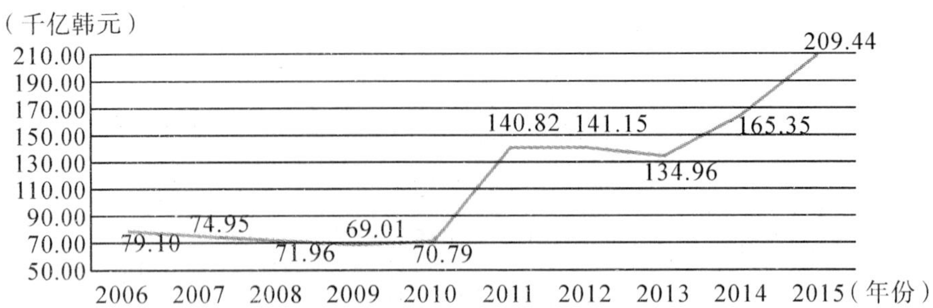

图 7-9　2006—2015 年韩国购置税应纳税额

数据来源：根据韩国国家统计局（KOSIS）（http：//kosis. kr/eng/）的数据计算整理。

高了 228. 84%、150. 04%和 50. 22%，以建筑物价值为税基的应纳税额比上一年提高了 43. 83%。这可能与韩国自 2008 年金融危机之后，为了快速恢复经济而减免房屋购置税税率，放宽了房产转让制度有关。此外，2015 年，全国地方政府应征收的购置税应纳税额也增长明显，增长率达 26. 66%。

韩国的购置税的税基来源主要集中在土地、建筑物、房屋和车辆四类。2015 年，来自土地、建筑物、房屋、车辆和其他税基的购置税应纳税额占总购置税应纳税额的比重分别为 34. 80%、15. 13%、30. 31%、18. 11%和 1. 65%。可见，土地购置税的规模最大。京畿道购置税最多，达到了 56. 86 千亿韩元，首尔特别市购置税位居第二，达到了 45. 50 千亿韩元。两者合计的购置税占全国购置税的比重为 48. 87%，接近一半。此外，在广域市方面，以房屋价值为税基的购置税最多；在道方面，以土地价值为税基的购置税最多。

2. 地方消费税

韩国的地方消费税是一种增值税的附加税。其纳税人为增值税的纳税人，税基为增值税收入，税率为 5%。2015 年，韩国地方消费税的收入总额为 60. 03 千亿韩元，占当年地方税实际征收的总收入的 8. 46%，而且各地的征收率均达到 100%。由图 7-10 可知，京畿道和首尔特别市实际征收的地方消费税额占比最高，比重分别达到 18. 19%和 16. 29%。

韩国的增值税自设立起便实行消费型增值税，其征税范围与中国略有不同，是对销售商品、提供劳务以及进口商品征收的一种税，而不包括转让特定无形资产（如转让专利、非专利技术、商誉、商标、著作权等）。其纳税人是在韩国境内销售应税商品、提供劳务或进口商品的个人、企业、集团、基金会或其他政府

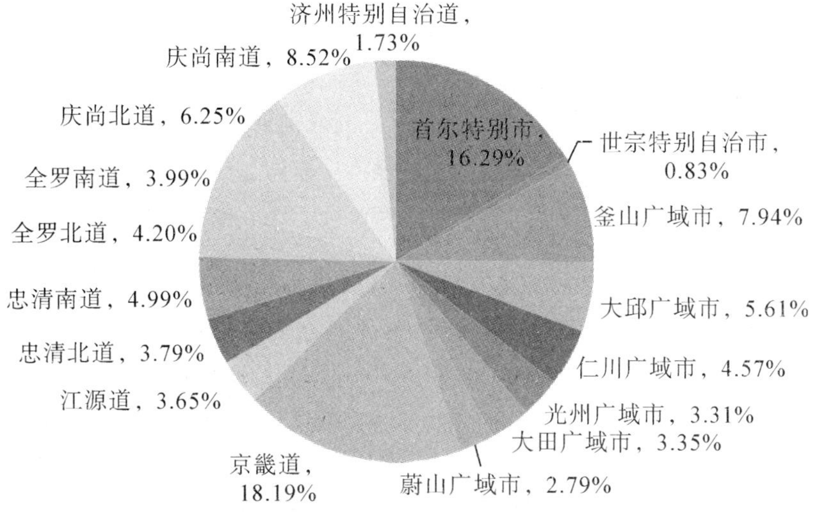

图 7-10　2015 年韩国地方消费税的区域构成

数据来源：韩国内政部（MOI），2016 *Statistical Yearbook of Local Tax*。数据经过整理。

规定的非法人组织。增值税是一种价外税，进项税额可以扣除。其税基为销售应税商品、提供劳务或进口商品而获得的货币或者非货币报酬。韩国的增值税实行10%的单一比例税率，从价征税。同时，韩国还规定了零税率的适用范围和免税项目。

韩国增值税零税率的适用范围包括出口的商品、韩国境外提供的劳务、国际海运和航空运输服务、为外汇收入者提供的其他商品或劳务、军工企业生产的军事装备、提供给武装部队的石油制品和地铁建设的劳务。

增值税法定的免征项目共有四大类，即基本生活必需品和劳务、社会福利、文化艺术等非营利性的货物与劳务、其他货物和劳务。实施免税的货物和劳务不得扣除其进项税额，但是纳税人可以选择放弃免税而抵扣进项税额。

3. 地方教育税

韩国的地方教育税是为了提高地方教育质量而征收的税金。同地方消费税一样，地方教育税也是一种附加税。2015 年，地方政府实际征收的地方教育税税额达到 58. 15 千亿韩元，占当年地方税实际征收的总收入的 8. 19%，而且各地的征收率均在 95%以上。其中，京畿道征收的地方教育税税额占总地方教育税的比重最大，达到 28. 03%。首尔特别市征收的地方教育税税额位于第二，达到了总地方教育税税额的 22.33%。

纳税人为购置税、登记执照税（登记税）、休闲税、居民税（均等类）、财产税、烟草消费税和汽车税的纳税人，税基即为购置税、登记执照税（登记税）、休闲税、居民税（均等类）、财产税、烟草消费税和非营业用轿车的汽车税的税收收入。地方教育税的具体税率如表 7-19 所示。此外，根据实际情况，地方政府可依据地方法令，在 50%的幅度内对法定标准税率进行调整。

表 7-19　　韩国地方教育税税率表

纳税人	税基	标准税率
登记执照税纳税人	依据《地方税法》征收的登记执照税税额	20%
休闲税纳税人	依据《地方税法》征收的休闲税税额	40%
居民税纳税人	依据《地方税法》征收的居民税税额	10%或 20%
财产税纳税人	依据《地方税法》征收的财产税税额	20%
烟草消费税纳税人	依据《地方税法》征收的烟草消费税税额	50%
非营业用轿车的汽车税纳税人	依据《地方税法》征收的非营业用轿车的汽车税税额	30%

注：2009 年之前，税基为“依据《地方税法》征收的休闲税额”的税率为 60%。人口超过 50 万的城市应纳的以“依据《地方税法》征收的居民税额”为税基的地方教育税税率为 20%。

资料来源：韩国企划财政部（MOSF），2010 *Korean Taxation*。

韩国的地方教育税的税基来源主要集中在依据《地方税法》征收的购置税税额、财产税税额、烟草消费税税额和非营业用轿车的汽车税税额。2015 年，韩国地方教育税应纳税额为 60.27 千亿韩元，其中上述税基来源的税额在总地方教育税中所占比重分别为 25.58%、20.43%、22.41%和 18.36%。而税基为居民税税额的地方教育税规模最小，仅占总地方教育税的 0.84%。

4. 地方所得税

韩国的地方所得税于 2010 年 1 月开始征收。2015 年，地方政府实际征收的地方所得税税额为 127.84 千亿韩元，占当年地方税实际征收的总收入的 18.01%。与之前提到的几种税种相比，地方所得税在各地的征收率偏低，征收率最低的为仁川广域市，仅为 92.87%。其中，首尔特别市的实际征收额最大，为 42.60 千亿韩元，比重达 33.32%；京畿道的实际征收额位列第二，为 29.08 千亿韩元，比重达 22.74%。

地方所得税的征税范围基本上由居民税划归而来。因此，地方所得税一般可分为两类：一类是对上述所得税的附加征收，另一类是对地方雇员的月工资总额的征收。此外，该税也可由地方政府依据地方法令对法定标准税率进行调整，且调整幅度在50%之内。韩国地方所得税的税率表如表7-20所示。

表7-20　韩国地方所得税税率表

纳税人	税基	税率（%）
个人所得税纳税人	个人所得税税额	10
企业所得税纳税人	企业所得税税额	10
农业所得税纳税人	农业所得税税额	10
每年7月1日前登记注册营业场所的个人和法人，支付职员工资薪金的个体户	雇员的月工资总额	0.5

资料来源：韩国企划财政部（MOSF），2010 *Korean Taxation*。

地方所得税的法定免税项目主要有两类：一类是雇员人数不超过50人的单位和个人；另一类是纳税人为中央机关、地方政府及其下属协会或由上述组织全额出资的公司，或者是驻韩外国政府组织、驻韩国际组织和外国援助代表团，或者是宗教团体、慈善团体、学术团体等非营利组织。由于目前农业所得税已被废止，因此地方所得税的税基仅来自个人所得税税额、企业所得税税额和雇员的月工资总额。

5. 财产税

韩国的财产税是对持有财产所征收的税金。2015年，地方政府实际征收的财产税税额达到92.94千亿韩元，占当年地方税实际征收的总收入的13.09%。财产税在各地的征收率比较低，征收率最低的是忠清北道，仅为94.21%。此外，首尔特别市的财产税实际征收额最大，为29.36千亿韩元，占全国财产税实际征收额的31.59%；京畿道的实际征收额位列第二，为25.14千亿韩元，占全国财产税实际征收额的27.05%。

财产税的税目包括土地、建筑物、房屋、船舶和航空器。其纳税人即为每年6月1日持有上述征税对象的人。税基为征税对象的现行标准价值。财产税的免税项目包括：①财产税额小于2 000韩元；②纳税人为国家、地方政府或外国政府；③征税对象是宗教团体、教育团体等非营利组织直接使用的财产。此外，地方政府可依据地方法令，在2.3%的幅度内对法定标准税率进行调整。财产税的税率采用比例税率，属于从价税，其税基与税率表见表 7-21。

表 7-21　韩国财产税的税基与税率

<table>
<tr><th colspan="2">税目</th><th>税基</th><th>税率（%）</th></tr>
<tr><td rowspan="9">土地</td><td rowspan="3">一般超额累进税率</td><td>5 000 万韩元及以下</td><td>0. 2</td></tr>
<tr><td>5 000～10 000 万韩元</td><td>0. 3</td></tr>
<tr><td>10 000 万韩元以上</td><td>0. 5</td></tr>
<tr><td rowspan="3">特殊超额累进税率</td><td>20 000 万韩元及以下</td><td>0. 2</td></tr>
<tr><td>20 000～100 000 万韩元</td><td>0. 3</td></tr>
<tr><td>100 000 万韩元以上</td><td>0. 4</td></tr>
<tr><td rowspan="3">单独税率</td><td>①旱田、水田、果园牧草地</td><td>0. 07</td></tr>
<tr><td>②高尔夫球场或奢侈娱乐项目用地</td><td>4</td></tr>
<tr><td>③非①和②类用地</td><td>0. 2</td></tr>
<tr><td colspan="2" rowspan="3">建筑物</td><td>①高尔夫课程和奢侈娱乐用建筑物</td><td>4</td></tr>
<tr><td>②工厂建筑物</td><td>0. 5</td></tr>
<tr><td>③非①和②类建筑物</td><td>0. 25</td></tr>
<tr><td rowspan="4">房屋</td><td colspan="2">别墅</td><td>4</td></tr>
<tr><td rowspan="3">普通房屋</td><td>4 000 万韩元及以下</td><td>0. 15</td></tr>
<tr><td>4 000～100 000 万韩元</td><td>0. 3</td></tr>
<tr><td>100 000 万韩元以上</td><td>0. 5</td></tr>
</table>

资料来源：①韩国企划财政部（MOSF），2010 *Korean Taxation*。②胡华. 韩国地方财政研究［M］. 北京：经济科学出版社，2014：100-102。资料经过改动和整理。

韩国财产税的税基来源主要集中在土地、建筑物和房屋。如表 7-22 所示，2014 年，韩国财产税应纳税额为 95. 88 千亿韩元。其中，来自土地、建筑物、房屋、船舶和航空器的财产税应纳税额占总财产税应纳税额的比重分别为 49. 79%，14. 52%，35. 50%，0. 15% 和 0. 04%。首尔特别市没有来自船舶的财产税，而其来自土地和房屋的财产税所占比重高，分别占 46. 35%和 44. 02%。

表 7-22 2014 年韩国财产税应纳税额构成

类别	全国		首尔特别市		广域市		道	
	金额（千亿韩元）	占比（%）	金额（千亿韩元）	占比（%）	金额（千亿韩元）	占比（%）	金额（千亿韩元）	占比（%）
土地	47.73	49.79	13.91	46.35	9.34	46.50	24.48	53.48
建筑物	13.92	14.52	2.85	9.51	3.42	17.00	7.65	16.71
房屋	34.04	35.50	13.21	44.02	7.23	35.97	13.61	29.72
船舶	0.15	0.15	0.04	0.12	0.09	0.45	0.02	0.04
航空器	0.04	0.04	0.00	0.00	0.02	0.08	0.02	0.05

数据来源：韩国内政部（MOI），2015 *Statistical Yearbook of Local Tax*。数据经过整理。

6. 车辆税（汽车税/机动车税）

韩国的车辆税是对汽车持有者和机动车消耗的燃油征收的税金，主要是为了缓解交通拥堵，降低汽车带来的对道路、环境等的损害，使负的外部性部分内部化。2015 年，地方政府实际征收的车辆税税额达到 70.72 千亿韩元，占当年地方税实际征收总收入的 9.96%。车辆税在各地的征收率比较低，征收率最低的为京畿道，仅为 91.62%，但其实际征收额却最大，为 16.11 千亿韩元，比重达 22.79%。

根据征税范围的不同，车辆税可以分为两类，即所有类和驾驶类。所有类的纳税人是登记的机动车持有者，而驾驶类的纳税人是消耗燃油的机动车持有者。所有类的财产税的税率是定额税率，属于从量税（见表 7-23）。

表 7-23 韩国车辆税（所有类）的税目与税率

税目	子税目	税率（每年）	
		商业用	非商业用
小型汽车	发动机排量 0.8 升及以下	18 韩元/毫升	80 韩元/毫升
	发动机排量大于 0.8 升小于等于 1 升		100 韩元/毫升
	发动机排量大于 1 升小于等于 1.6 升	18 韩元/毫升	140 韩元/毫升
	发动机排量大于 1.6 升小于等于 2 升	19 韩元/毫升	200 韩元/毫升
	发动机排量大于 2 升小于等于 2.5 升	19 韩元/毫升	220 韩元/毫升
	发动机排量在 2.5 升以上	24 韩元/毫升	-

表7-23(续)

税目	子税目	税率（每年）	
		商业用	非商业用
公共汽车	快捷公共汽车	100 000 韩元/辆	-
	大型特许公共汽车	70 000 韩元/辆	-
	小型特许公共汽车	50 000 韩元/辆	-
	其他大型公共汽车	42 000 韩元/辆	115 000 韩元/辆
	其他公共汽车	25 000 韩元/辆	65 000 韩元/辆
卡车	货物载重量 1 吨及以下	6 600 韩元/辆	28 500 韩元/辆
	货物载重量大于 1 吨小于等于 2 吨	9 600 韩元/辆	34 500 韩元/辆
	货物载重量大于 2 吨小于等于 3 吨	13 500 韩元/辆	48 000 韩元/辆
	货物载重量大于 3 吨小于等于 4 吨	18 000 韩元/辆	63 000 韩元/辆
	货物载重量大于 4 吨小于等于 5 吨	22 500 韩元/辆	79 500 韩元/辆
	货物载重量大于 5 吨小于等于 8 吨	36 000 韩元/辆	130 500 韩元/辆
	货物载重量大于 8 吨小于等于 10 吨	45 000 韩元/辆	157 500 韩元/辆
特殊车辆	大型特殊车辆	36 000 韩元/辆	157 500 韩元/辆
	小型特殊车辆	13 500 韩元/辆	58 500 韩元/辆
三轮以下小型机动车		3 300 韩元/辆	18 000 韩元/辆
其他机动车		20 000 韩元/辆	100 000 韩元/辆

资料来源：①韩国企划财政部（MOSF），2010 *Korean Taxation*。②胡华. 韩国地方财政研究［M］. 北京：经济科学出版社，2014：105-106。资料经过改动和整理。

2016 年 7 月 28 日，韩国企划财政部公布了韩国税法修正案。其中，为了缓解普通民众的燃油费负担，提倡使用小排量的轻型汽车，规定即日起至 2018 年 12 月 31 日，排量在 1 升以下的非商用汽车可以得到每年最多 10 万韩元的税收返还。

韩国车辆税收入主要来自所有类车辆税中的小型汽车和驾驶类车辆税。如表 7-24 所示，2015 年，韩国车辆税应纳税额为 75.95 千亿韩元。其中，税目为财产类中的小型汽车、卡车、公共汽车、特殊汽车、三轮以下小型机动车及其他机动车、驾驶类中的机动车燃油的车辆税收入占全国车辆税总收入的比重分别为 49.45%、1.28%、0.56%、0.07%、0.02%和 48.63%。

首尔特别市的来自小型汽车的所有类车辆税规模最大，占首尔特别市总车辆税收入的 53.96%。广域市和道的驾驶类的机动车燃油税规模最大，分别占广域市和道的总的车辆税收入的 49.55%和 49.24%。

表 7-24　　　　　　2015 年韩国车辆税应纳税额构成

类别		全国		首尔特别市		广域市		道	
		金额（千亿韩元）	占比（%）	金额（千亿韩元）	占比（%）	金额（千亿韩元）	占比（%）	金额（千亿韩元）	占比（%）
所有类	小型汽车	37.55	49.45	6.19	53.96	10.22	48.85	21.14	48.54
	卡车	0.97	1.28	0.09	0.76	0.22	1.03	0.67	1.53
	公共汽车	0.43	0.56	0.06	0.56	0.10	0.46	0.27	0.61
	特殊汽车	0.05	0.07	0.00	0.03	0.02	0.09	0.03	0.07
	三轮以下小型机动车及其他机动车	0.01	0.02	0.00	0.03	0.00	0.01	0.01	0.01
驾驶类：机动车燃油		36.93	48.63	5.13	44.66	10.37	49.55	21.44	49.24

数据来源：韩国内政部（MOI），2016 *Statistical Yearbook of Local Tax*。数据经过整理。

其中，对一些服务于社会的车辆，如国防、交警、火警、救护、垃圾收集、道路工程等，或者是邮政、电话、电报服务用车及外交使馆用车免征车辆税。此外，对于刚刚购买或者即将报废的车辆，依据车辆的保有天数计算的税额少于 2 000 韩元时，同样免征车辆税。

四、 结论与启示

韩国与中国一样，都是中央集权与地方分权相结合的单一制国家。韩国的政府结构、政府间事权与支出责任的划分以及地方收入的来源、税种的设立与划分，对我国相关制度的建立与实施都有一定的借鉴意义。

第一，合理确定政府财政收支结构，保证各级政府财权与事权相匹配。历年来，韩国政府的总收入均大于总支出，且差额平均约为 45 兆亿韩元。其中央政府与地方政府在总收入上的比例约为 65∶35，中央政府与地方政府在总支出上的比例约为 70∶30。韩国政府在总收支之间存在一定的差额，在很大程度上是由于各级地方政府之间存在转移支付。考虑转移支付，历年来，韩国中央和地方政府的净收入均大于净支出，中央与地方政府的财政支出的分配比例大概为60∶40，财政收入的分配结构也大致相同。其税收收入主要集中于中央政府，国税与地税的比例约为80∶20。由于地区间经济发展水平不同，各市、道的财政收入差异较大，韩国的中央政府需要通过宏观调控手段来均衡各地区间的财政收入，而调控手段的实施需要足够的财源支撑和保证。

在中国，根据2015年全国财政决算①，中央一般公共预算收入与地方本级收入的比例约为45∶55；中央一般公共预算支出与地方本级支出的比例约为46∶54，中央与地方的税收收入的比例约为50∶50。考虑中央税收返还和转移支付，中央与地方财政收入的比例约为10∶90，中央本级支出与地方实际支出的比例约为17∶83，中央与地方的税收收入的比例约为55∶45。特别地，地方一般公共预算支出中的37%来自中央的财政拨款。从中央进行税收返还和转移支付前后中央与地方财政收支比例的变化可以得出，中央政府拥有较大的财权，可以实现较强的宏观调控能力。此外，对比中央与地方政府的各项支出及其税收返还和转移支付的情况，笔者发现国防等应该完全由中央政府承担的支出，在财政拨款之后却仍有2.1%的支出由地方政府承担；高等教育等外部性较强的公共物品，中央政府的支出比例略高于30%，承担比例偏低。

因此，我国应该在保证中央政府能够有效实行宏观调控的前提下，适当调低中央政府的财权，将部分财政收入来源下调至地方政府；中央政府通过委托等方式下调事权的同时，应该通过财政拨款的方式匹配相应的资金，以保证地方政府日常业务活动的开展。此外，在公共物品与服务提供方面，应该提高中央政府事权与支出责任的承担比例，中央政府应完全承担提供全国性公共物品与服务的资金。

第二，通过法律约束和规范中央政府和地方政府事权与支出责任的划分。韩国通过法律对中央和地方政府的事权与支出责任进行了约束和规范。韩国的《大韩民国宪法》《地方自治法》和《地方自治法施行令》均对地方政府与中央政府之间的职权划分做出了明确的规定，且后两者十分详细地规定了地方政府的具体职责范围，清晰界定了各级地方政府之间职权划分的标准和处理国家事务的限制，并指出若管辖权出现冲突，低级地方政府享有管理的优先权。与此同时，

---

① 中华人民共和国财政部网站（http：//yss. mof. gov. cn/2015js/）。

《地方财政法》和《地方交付税法》对中央与地方政府之间以及地方与地方政府之间的转移支付制度进行了规范。由此，中央政府与地方政府可以各司其职，有利于各级政府事权的规范化、法律化，提高行政效率。

在中国，各层级政府间事权与支出责任的划分依据主要来自政府的规范性文件，法律约束较弱。《中华人民共和国宪法》作为一部纲领性的文件，仅从整体上对中央与地方政府的事权进行了划分，而且并未规定地方各级政府所独有或可独立行使的事权，在实际工作中适应性较弱。2014 年修正后的《中华人民共和国预算法》也未对政府间事权和支出责任的划分做出具体规定。目前，中央与地方事权和支出责任的划分依据主要来自《国务院关于实行分税制财政管理体制的决定》（国发〔1993〕85 号），法律约束力较弱，而且在执行过程中随意性较大，容易出现新增事权下沉给下级政府，委托事权转移支付不匹配的现象。

因此，我国应该基于地方优先、经济行政、责任明晰、地方特色整合原则，借鉴韩国经验，推进政府间财政关系的立法，完善财政管理体制。一方面，我国应逐步完善《中华人民共和国地方各级人民代表大会和地方各级人民政府组织法》和《中华人民共和国预算法实施条例》，明确各级地方政府间的职权划分，详细规定各地方政府的具体职责范围，实现事权与支出责任的法律化和规范化。另一方面，我国应制定财政法、地方财政法等一系列基本法律，使政府间事权和支出责任以法律形式固定下来，减少执政行为的随意性。

第三，根据公共产品与服务的特征属性合理规划中央与地方政府的事权与支出责任。对于韩国的三级政府来说，中央政府主要承担全国性事务以及外部性较强的地方性事务，如事关民族存亡或者与国家发展直接相关的事务等；低级地方政府主要承担外部性较弱的地方性事务，如增进居民福利的事务、与地方发展密切相关的事务以及兴建和管理环境工程等；高级地方政府主要是对上下级政府以及同级政府之间的关系进行协调。2014 年，韩国中央政府除了独自承担外交、国防和通信事务之外，还与地方政府共同承担并主要负责公共秩序与安全服务、教育、医疗健康、产业企业与能源、交通运输以及科学技术方面的事务。与此同时，地方政府主要负责文化与观光、环境保护、社会福利、国土与区域开发等与居民生活紧密相关的事务。

在中国，政府间事权和支出责任划分还不够合理。教育支出中的高等教育、科学技术支出中的科学技术普及、医疗卫生与计划生育支出中的传染病医院和福利医院，均为外部性较强的地方性事务，其支出责任应该主要由中央政府承担，而在实际工作中却主要由地方政府承担。虽然中央政府通过转移支付承担了部分支出责任，但地方政府特别是县级政府配套压力较大。教育支出中的退役士兵能力提升支出，社会保障和就业支出中的部队供应、义务兵优待、农村籍退役士兵老年生活补助等支出作为国防支出的配套措施，属于全国性公共产品，其支出责任应归属于中央政府，实践中却完全由地方政府承担。此外，农林水支出中的节能环保支出、国土海洋气象等支出均具有明显的正外部性，其支出责任也应主要由中央政府承担，而在实际中却主要由地方政府承担。由此可知，我国地方财政的压力较大。

因此，应基于公共物品与服务的特征属性，并借鉴韩国政府的经验，合理划分中国各级政府间的事权和支出责任。一方面，对于全国性公共产品与服务，如国防及其配套措施、节能环保、国土海洋气象等，无论是中央政府管理还是委托地方政府管理，相关支出应全部由中央政府承担。另一方面，对于外部性较强的地方性公共产品与服务，如高等教育、科学技术普及、传染病医院和福利医院等，相关支出应大部分由中央政府承担，同时地方政府根据其地区财政能力小部分承担。

第四，建立科学合理的地方政府收入结构，形成稳定的地方政府收入来源。韩国地方政府自身的财政收入，即地方税收收入和地方税外收入，大概仅占地方财政总收入的一半。这说明地方政府需要通过中央政府或者上级地方政府的财政转移支付和发行地方债才能获得足够的财政收入，保证财政体系正常运行。中央对地方的财政拨款，在减轻地方财政支出负担的同时，一定程度上约束了地方财政资金的使用范围，限制了地方政府的自主性。此外，地方政府对中央政府或上级地方政府拨款的过度依赖，会增加政府官员的寻租空间（如受贿等），从而导致参与直接审议预算的议员倾向于利用自己的职权给行贿者或者自己所在的地区争取预算。那些预算较少的地区往往也没有足够的资金为来年争取更高的预算，以致各地的政府收入差距越来越大，不利于地区的长远发展。

在中国现行的财政体制下，地方政府的收入主要包括税收收入、非税收入、中央税收返还和转移支付收入。其中，前两者统称为地方本级收入。2015 年，在我国地方政府的财政收入中，地方本级收入约占 60%，中央税和转移支付收入约占 40%。可见，在一定程度上，我国地方政府的自主性程度高于韩国地方政府。针对我国幅员辽阔、地区经济发展不平衡的实际，中央政府确实需要足够的收入来保证宏观调控能力的发挥。地方政府不应过度依赖中央政府的财政拨款，应适当增强地方政府的财政自主性，同时建立科学合理、规范有序、约束有力的转移支付制度、地方债发行和管理制度等，使地方政府形成科学的收入结构和稳定的收入来源，促进地方的可持续发展。

第五，合理设立地方税和地方主体税种，完善地方税收结构，健全地方税收体系。虽然韩国在中央政府和地方政府之间实行彻底的分税制，但是地方政府拥有的税收权力非常有限。由于中央政府通过制定相关法律法规，对高级和低级地方政府所有的地方税进行了详尽的规定，因而地方政府只享有部分的税收管理权，税收立法权、征收权和管理权仍然高度集中于中央政府。韩国的税收收入整体上呈现“倒金字塔”结构，即中央政府的税收收入大于高级地方政府，高级地方政府的税收收入大于低级地方政府。韩国中央政府将一些税基广阔、来源稳定的税种归属于中央税，如所得税（包括个人所得税、公司所得税、法人税、财产与赠与税）、增值税等，而地方税则以财产（包括土地、建筑物、房屋和车辆等）为征税对象。其中，高级地方政府的税收来源主要为购置税、地方消费税、地方教育税和地方所得税；低级地方政府的税收来源主要为地方所得税、财产税和车辆税。虽然地方税的税基比较稳定，但增长较为缓慢，因此随着经济增长，地方税的税收收入可能越来越无法满足地方政府的支出责任。韩国政府将税收收入集中于中央，再通过转移支付等方式分配给各地区，在一定程度上会降低地方的自主性，削弱地方的积极性，不利于地方自治的开展。

因此，应基于各层级政府的事权与支出责任，合理设立与划分地方税。中国目前正处于营业税全面改征增值税的关键阶段，原来作为地方税主体税种的营业税被全面取消。这将对地方财政收入带来巨大冲击。虽然国家出台了相关过渡性政策来保证地方的财政收入，但这毕竟不是长久之计，还可能会导致地方政府对中央政府的过度依赖，因此需要尽快确定地方政府的主体税种，健全地方税收体系，使得地方政府的财权与事权相匹配，保证地方政府财政健康、可持续发展。

参考文献

[1] 楼继伟. 中国政府间财政关系再思考 [M]. 北京：中国财政经济出版社，2013.

[2] 博德，岳媛媛，李建军. 税收与分权 [J]. 公共经济与政策研究，2015 (2)：44-49.

[3] 格鲁伯. 财政学 [M]. 北京：机械工业出版社，2015.

[4] 魏加宁，李桂林. 日本政府间事权划分的考察报告 [J]. 经济社会体制比较，2007 (2)：41-46.

[5] 郭冬梅. 日本近代地方财政制度的形成 [J]. 现代日本经济，2007，153 (3)：11-16.

[6] 崔成，明晓东. 日本财税体制及借鉴 [J]. 中国经贸导刊，2015 (1)：51-55.

[7] 李绍刚，左正，李柏青，等. 日本财税及相关经济制度研修报告（四）[EB/OL]. (2009-10-29) [2016-05-20]. http://tfs.mof.gov.cn/zhengwuxinxi/faguixinxifanying/200910/t20091029_224837.html.

[8] 李克平. 澳大利亚财政转移支付制度 [J]. 经济社会体制比较，1996 (3)：56-60.

[9] 陈贺菁，邓力平. 澳大利亚税制改革述评及其启示 [J]. 亚太经济，2002 (6)：23-26.

[10] 沃伦，葛夕良，黄黎明. 澳大利亚税制及其税收政策（上）[J]. 经济资料译丛，2002 (3)：79-89.

[11] 沃伦，黄黎明，葛夕良. 澳大利亚税制及其税收政策（下）[J]. 经济资料译丛，2002 (3)：90-102.

[12] 谢旭人. 澳大利亚的政府事权划分及财政转移支付制度 [J]. 财政研

究，1994（18）：52-60.

［13］郭向军，宋立. 澳大利亚政府事权财权划分的经验及启示［J］. 宏观经济管理，2006（6）：7-74.

［14］许文娟. 澳大利亚土地税制对中国的启示［J］. 西部论坛，2010（3）：34-38.

［15］刘樊德. 澳大利亚的税制改革［J］. 当代亚太，2000（8）：10-16.

［16］辛普森，李淑蓉，张志勇，等. 澳大利亚的税制改革［J］. 国际税收，1989（2）：10-15.

［17］李万慧. 被误读的澳大利亚财政转移支付制度［J］. 地方财政研究，2012（7）：77-80.

［18］斯比德，郑文辉，张海燕. 建立具有国际竞争力的澳大利亚税制［J］. 税务研究，2005（8）：91-94.

［19］饶立新. 印花税国际比较［J］. 涉外税务，2009（12）：39-42.

［20］成军. 中央与地方政府间的支出事项及责任划分研究［J］. 经济研究参考，2014（16）：44-48.

［21］安秀梅. 中央政府与地方政府责任划分与支出分配研究［J］. 经济体制改革，2006（6）：10-15.

［22］多利，马歇尔. 澳大利亚地方政府：改革与创新［M］. 孙广厦，译. 长春：吉林大学出版社，2009.

［23］德国政府间财政关系考察报告［EB/OL］.（2008-06-20）［2016-07-15］. http://yss. mof. gov. cn/zhengwuxinxi/guogijiejian/200806/t20080620_47613. html.

［24］德国财政预算制度及政府间财政关系［EB/OL］.（2008-10-20）［2016-02-05］. http://yss.mof.gov.cn/zhengwuxinxi/guojijiejian/200810/t2008/020_82834.html.

［25］黑勒. 德国公共预算管理［M］. 赵阳，译. 北京：中国政法大学出版社，2013.

［26］赵建军. 论印度财政改革及对我国的启迪［J］. 南亚研究（季刊），2004（1）：22-29.

［27］李琳. 印度财政改革的借鉴意义［J］. 中国财经信息资料，2007（2）：

46-48.

［28］郑前程. 印度地方财政现状探析［J］. 理论月刊，2004（9）：54-56.

［29］文富德. 印度财政税收的发展、改革与经验教训［J］. 南亚研究（季刊），2015（1）：94-101.

［30］徐坡岭，郑燕霞. 财政分权下中印地方债务的产生机制［J］. 亚太经济，2012（3）：30-36.

［31］陈为群. 亚洲四国中央与地方财政分配关系的比较研究［J］. 当代经济科学，1994，16（6）：90-93.

［32］王启友. 印度中央与地方财政关系的变革启示［J］. 经济导刊，2007（9）：64-66.

［33］任晓. 当代各国政治体制——韩国［M］. 兰州：兰州大学出版社，1998.

［34］胡华. 韩国地方财政研究［M］. 北京：经济科学出版社，2014.

［35］周春生，陈倩倩，汪杰贵. 韩国地方政府管理［M］. 北京：科学出版社，2015.

［36］宋彪，张允桢. 韩国中央与地方的财权关系［J］. 经济法学评论，2003（0）：374-410.

［37］广西财政厅课题组. 政府间事权与支出责任划分研究［J］. 经济研究参考，2015（47）：13-19.